主　编：

　　释清仁

副主编：

　　王　喆　王顺利

其他撰写人员：

　　李　静　刘　峰　尹从国　吴奕澎

　　李兴选　杨纬立　鲁思远　胡雨晗

一起来读

释清仁/主编

人民出版社

序　言

中国出了个毛泽东。

130 年前,在湖南湘潭一个绿竹幽幽的山冲里,毛泽东诞生了。这个被称为"石山伢子"的男孩,长大后改变了近代中国的命运。

青少年时期的毛泽东,表现出超乎同龄人的志向、行动与意志。从离开乡关时的"学不成名誓不还",到求学时的"要将宇宙看稀米",毛泽东胸怀大志、卓尔不凡。

他苦其心志,劳其筋骨,洞庭湖畔,爱晚亭边,留下了他不懈思索、强身健体的身影。他放言丈夫要为天下奇,读奇书,交奇友,做奇事,被湖南一师的师生们誉为"毛奇"。

毛泽东被称为一代伟人。所谓伟人,就是站得高、看得远,掌握了时代密码,创造并改变了世界历史进程的那些人。毛泽东就是这样的伟人。

在风云激荡的 20 世纪,谁来拯救亿万民众于水火之中,引领中国人民实现独立、自主、富强?

这个时代课题,无数组织、政党、个人都尝试了,也都先后失败了。

唯有毛泽东,带领中国共产党成功地破解了这一时代课题。

在毛泽东和中国共产党的艰辛奋斗下,仅用了 28 年的时间,中国革命战争就取得了完全的胜利,国内外反动派被驱赶消灭干净。中华民族彻底结束了半殖民地半封建社会的历史,以独立者的姿态真正站立了起来!从此,近代百年屈辱史画上了句号,历史掀开了全新的一页。

在毛泽东和中国共产党的艰辛奋斗下,又用了27年的时间,中国大地上发生了天翻地覆的变化,从无到有地建立起优越的社会主义制度体系,打下了比较完备的社会主义经济基础,人民生活得到了极大的改善。这就为改革开放以来中国的迅速发展,从根本上奠定了基石。

在这个伟大的历史过程中,毛泽东本人牢牢立足中国大地,学习运用马克思主义的立场、观点和方法,不断从群众中汲取智慧、总结经验,大胆进行探索、发明和创造,开辟了农村包围城市的中国革命道路,完成社会主义革命和推进社会主义建设。这些宝贵的革命和建设经验,集中体现在毛泽东思想中。

在这个伟大的历史过程中,毛泽东被历史性地推到了前台,成为全党和全国人民公认的领袖和舵手。跟着毛主席才能打胜仗!离开了毛泽东思想的指引,中国革命和建设就会犯错误、走弯路!这是被历史多次验证的真理。

在这个伟大的历史过程中,毛泽东人民领袖的形象,深深铭刻于人民群众的心中。他坚信人民才是创造世界历史的真正动力,始终把人民放在心中最高的位置,为中国共产党和人民军队一手制定了"为人民服务"的根本宗旨,圆了千百年来中国人民翻身做主人的梦想,赢得了亿万人民群众的由衷爱戴和自发拥护。

毛泽东既是属于中国的,也是属于世界的。毛泽东胸怀天下,在世界大舞台上纵横捭阖、挥斥方遒,赢得了不论是朋友还是对手的尊敬。

"最怕中国军队毛泽东化",是曾经的对手心中的真实感受。他去世当天联合国总部降下的半旗,以及随后53个国家降下的半旗,反映了整个世界对毛泽东的崇敬和认可。

伟人已去,风范永存。毛泽东给我们留下了数不尽的遗产。他的文韬武略,永远是世界历史和中国历史上的精彩篇章;他的独创精神和斗争精神,永远是中国共产党前进道路上攻坚克难的锐利法宝;他的人民群众情结,永远是中国人民团结一致、共创伟大事业的强大动力;他的深邃思想,永远是我们需要传承和探究的思想宝库。

新时代,中华民族站在了新的台阶上,面临一系列新的复杂严峻挑战。在此之际,学习和研究毛泽东,对于牢牢守住我们党的初心和使命,迎接具有许多新的历史特点的伟大斗争,具有十分重大的意义。

出于以上考虑,我们组织撰写了这本书,向毛泽东诞辰130周年,致以心中最深厚的敬意!

让我们打开书页,一起来读毛泽东吧。

目　录

毛泽东是人类历史上的伟大人物，堪称旷世奇才。当年，在湖南省立第一师范学校上学时，毛泽东常说，丈夫要为天下奇，即读奇书、交奇友、著奇文、创奇迹，做个奇男子。他还曾被同学们起了一个雅号，叫"毛奇"。这个语意双关的外号，说明学生时代的毛泽东就有不凡的志向和超群的才华，深受学友们的尊敬与推崇。

在1936年10月的一天夜里，陕北的天气已经开始转凉。窑洞里，毛泽东盘膝而坐，对斯诺说：《共产党宣言》等三本书"特别深刻地铭记在我的心中，使我树立起对马克思主义的信仰"，"我接受马克思主义，认为它是对历史的正确解释，以后，就一直没有动摇过"。毛泽东的这番话，成为他信仰马克思主义的标志性事件。

世界对中国刮目相看，充分展示了中国人民维护世界和平的坚定决心！回顾这场伟大的抗美援朝战争，毛泽东的军事指导艺术，在战略准备、战略决策、战场指导和战局控制等方面，均有充分的展示和发挥。

与美帝国主义做斗争，是毛泽东一生中的精彩一笔。在这一长期过程中，毛泽东领导作出了一系列有关对美斗争的重大论断、开展了若干重大行动，取得了对美斗争的重大成果。中国在强敌环伺的恶劣国际环境中实现了生存和发展，展示了对美斗争的高超政治智慧和斗争艺术。

1964 年 10 月 16 日，两则爆炸性新闻让世界震动。这一天，苏联塔斯社宣布，赫鲁晓夫被解除苏共中央第一书记职务；这一天，中国大漠深处一声巨响，我国第一颗原子弹爆炸成功。毛泽东为何要在我国经济、技术基础还较为薄弱的情况下，下决心搞原子弹？又是如何战胜一切困难，实现"东方巨响"的呢？

面对即将展开的大规模社会主义建设，毛泽东无比自信，豪迈地指出：地球虽然我们没有到处去过，可是有地图一本，看一看，就是那么一些国家，不是故意吹牛皮，考察起来，还是我们这个国家有条件，地方大，人口多，就是这两个条件。位置也不坏，中国这个国家应该搞成世界上第一个文化、科学、技术、工业各方面更好的一个国家。

妥协灵活结合起来，既善于斗争，又善于妥协。在戎马生涯的对敌斗争中，毛泽东根据中国革命形势和武装斗争具体实际，坚持有理有利有节的斗争策略，把妥协智慧运用发挥得出神入化，使中国共产党保存与发展了实力，赢得了战略上的主动。

毛泽东是如何谈未来中国的命运的？

新中国成立后的 20 世纪 50、60 年代，毛泽东在领导开展各项建设的过程中，对未来中国的命运也作了种种设想。未来中国将走什么样的道路？在国际上担负什么样的角色？中国将发展成什么样子？对这些问题，毛泽东在会议讲话或与外宾的谈话中，作出了回答和展望。

毛泽东是如何领导打好科学技术这一仗的？

毛泽东立足于中国革命和建设的探索实践，继承发展了马克思关于"科学是一种在历史上起推动作用的、革命的力量"的科学论断，始终把科学技术作为民族复兴的重要手段予以尊崇，回答了经济基础薄弱的落后农业国如何解放和发展生产力、建设社会主义工业化国家等重大时代课题。

毛泽东喜欢读什么样的书？

书中有天地，熟读知乾坤。毛泽东常说，"读书是我一生的爱好"。他一生勤奋好学，手不释卷、博览群书。从青少年时代，到革命战争时期，直到临终前一天，毛泽东还在读书。从伟人漫长的读书经历和丰富的读书趣闻中，我们不难了解他在不同的历史时期，喜欢看什么样的书、什么类型的书，进而了解他的思想探索和内心活动。

毛泽东求学时为何被称为"毛奇"？

毛泽东是人类历史上的伟大人物，堪称旷世奇才。

当年，在湖南省立第一师范学校上学时，毛泽东常说，丈夫要为天下奇，即读奇书、交奇友、著奇文、创奇迹，做个奇男子。他还曾被同学们起了一个雅号，叫"毛奇"。

这个语意双关的外号，说明学生时代的毛泽东就有不凡的志向和超群的才华，深受学友们的尊敬与推崇。

踔励奋发做奇杰

世界军事史上有位传奇人物叫毛奇。

从 1858 年至 1888 年，毛奇一直担任普鲁士王国和德意志帝国的总参谋长。在长期的军事生涯中，毛奇以其军事理论和军事战略才能，创造了辉煌业绩，"曾与首相俾斯麦、国防大臣罗恩并列为普鲁士王国三巨头"[①]。

湖南一师的同学称毛泽东为"毛奇"。这不仅是因为他姓毛，能写出让师生叹为观止的奇文，更是因为他这个从韶山冲走出的农村青年，在湖南省立第一师范学校的优异表现引人注目，显示了非凡志向和敢做奇异之事的雄才胆略。

据在一师求学时的同学周世钊回忆，毛泽东喜欢在岳麓山的爱晚亭露宿。那时，毛泽东一有时间就邀几个好友，携带席子到爱晚亭畅谈。直到夜深人静时，他们就把席子铺在亭子里或旁边的草地上露宿。

有时，别的好友没有来，毛泽东就独自在亭子里露宿。在黑暗空寂的深山中，别人都不敢来，毛泽东却丝毫没有恐惧。

毛泽东不光读书学习十分刻苦，还注重制订学习计划，讲究学习方法。每天早晨，天刚蒙蒙亮，毛泽东就起床了。有时在学校外面跑步、做操，有时走着崎岖的山路到附近的东台山顶看书，有时在空旷的田间边学习思考。

他既能够坚持静中求知，也注意在闹中静学，锻炼自己的意志力。有时，他还特意坐在车水马龙的城门边看书，在闹市的杂乱纷扰中磨炼耐心定力和培养冷静自若的学习思考能力。

毛泽东十分注重锻炼，且毅力过人。湖南一师学校里有一口水井，到了冬季，毛泽东既不戴手套也不穿棉鞋，常常用吊桶从井里打

[①] 李新芝、郑俊明主编：《毛泽东纪事 1893—1976 上》，中央文献出版社 2011 年版，第 29 页。

水,一桶一桶地往身上淋浴,通过冷水浴来增强身体抗寒能力。有时,他还与同学之间相互淋浴,但不少同学没能坚持下来。

在当时,毛泽东已很重视处理好读书与锻炼身体的关系了。他曾说,环境不好,容易造成"以身殉学"。要"养成工读并行的习惯","养成读书和游戏并行的习惯"。①

在严寒冬季,毛泽东还经常和同学们一起去江中游泳,以此方式强健身体。他曾经写下"自信人生二百年,会当水击三千里"的豪迈诗句。

毛泽东敢想、敢说、敢做、敢为。

他对同学说:"一个人做事,总要放勇敢些,如果畏畏缩缩,前怕龙,后怕虎,那会什么事也干不成。"②他的学友陈赞周说:"润之气质沉雄,确为我校一奇士。"③

"一身都是胆"的毛泽东很早就显示了军事天才。据资料记载,毛泽东曾率领一师数百学生和部分持枪警察,智缴了北洋溃兵数千人的枪支。

那是1917年11月的一天,北洋一部溃兵王汝贤部沿着粤汉铁路线向长沙开来,很快就到了长沙近郊的猴子石山一带。当时,长沙城内没有军队把守,防守非常空虚,安全状况十分堪忧。而一师地处溃军的必经之路,为了让师生们能够躲避危险,校方通知全体师生准备到城外去暂时避险。

毛泽东得到消息后挺身而出,说服校方要组织人员保护学校。

---

① 《毛泽东早期文稿》,湖南人民出版社2008年版,第508页。

② 周世钊:《毛主席青少年时期锻炼身体的故事》,人民体育出版社1978年版,第30页。

③ 罗章龙:《椿园载记》,生活·读书·新知三联书店1984年版,第3页。

毛泽东的意见被学校采纳后,他立即找来学生志愿军商量斗争策略,组织数百名同学拿着平时训练的木枪做好应战准备,同时设法联系了附近的警察局,派一部分警察带着真枪共同参加战斗。

之后,毛泽东冒着随时可能与溃军遭遇的危险察看敌情。在小山上,毛泽东看到那些败军疲惫不堪,又惊慌失措,认真分析了溃军的情况后,认为是能够一举将其击垮的。

在毛泽东的组织下,学生志愿军和警察选择好隐蔽地方,依据地势做了充分战斗准备。待夜色降临之时,毛泽东让拿着真枪的警察在山头鸣枪射击,让其余学生志愿军点燃爆竹助威,齐声大喊:"你们已经被包围了,赶紧缴枪就没事!"

处于极度惊恐之中的北洋溃军,听到四面而来的枪声、炮声和呼喊声,吓得慌作一团,又弄不清虚实,纷纷缴枪投降。毛泽东见机与他们进行了交涉谈判,不费吹灰之力让溃军成了俘虏。

第二天,毛泽东带着学生志愿军回到学校,缴获的枪支等武器堆满了学校礼堂。

事后,全校的人都说,"毛泽东一身是胆"。

多年以后,毛泽东在与好友谈及此事时说:"要说搞军事,恐怕那才真是第一次哩!"[1]

毛泽东带领学生志愿军等智缴败兵武器,以智溃敌显示了其过人的智慧和胆识,更增添了毛泽东身体力行的说服力、感召力和吸引力。因为毛泽东的做事作为太富传奇了,而当时德国有一位著名军事将领叫毛奇,所以同学们据此给毛泽东起了个绰号叫"毛奇"。[2]

---

[1] 转引自唐春元:《毛泽东的81个第一次》,中共党史出版社2012年版,第72页。
[2] 罗章龙:《椿园载记》,生活·读书·新知三联书店1984年版,第3页。

1917年6月,湖南一师组织开展了一场德智体优秀"人物互选"活动。① 在这项群众性活动中,全校400多名学生参加了评选,当选者34人。毛泽东因在德、智、体三方面的六项中得票最多而当选,其中"言语""敦品"项目得票数均获第一,"胆识"一项得票唯他独有。

有奇才、成奇事的毛泽东,赢得了同校师友的公认。

咬得菜根做百事

常言道,志不在温饱,而在于执着追求。

1917年8月28日,毛泽东在致黎锦熙的信中说:"此志也容易立哉？十年未得,即十年无志,终身未得,即终身无志。"发奋学习,追求真理。从早至晚,读书不休。"才不胜今人,不足以为才;学不胜古人,不足以为学。"②"咬得菜根,百事可做。"③这就是毛泽东的为学之见。

少年毛泽东非常渴望学习新学、西学,在亲友的大力帮助下,终于得到父亲允许。即将到湘乡县立东山高等小学堂学习前,毛泽东曾改诗赠予父亲:"孩儿立志出乡关,学不成名誓不还。埋骨何须桑梓地,人生无处不青山"。

毛泽东矢志追求真理的决心和志向跃然纸上。

东山高小学堂校长看了毛泽东的入学考试作文后,认为文章十分优美,"学校取了个救国才"。此时的毛泽东博览群书,特别喜欢看《盛世危言》《新民丛报》等书刊。

---

① 《毛泽东早期文稿》,湖南人民出版社2008年版,第633页。
② 《毛泽东早期文稿》,湖南人民出版社2008年版,第530页。
③ 《毛泽东早期文稿》,湖南人民出版社2008年版,第533页。

1936年，毛泽东与斯诺谈话时说，他少年时阅读此书，非常喜欢。第一次看到《新民丛报》，从内容到文体，颇感新鲜，因此读了又读。

东山高等小学堂的学习，给毛泽东留下了深刻记忆。1936年，毛泽东在陕北向斯诺介绍自己在东山高等小学堂学习情况时说，在这所新学堂里，我能够学到自然科学和西学的新学科。到长沙后，毛泽东一步步迈向了更加宽广的求学路。

毛泽东关心着为国为民的大事。他说，当今之世，宜有大气量人，从哲学、伦理学入手，改造哲学，改造伦理学，根本上变换全国之思想。据周世钊回忆，1917年秋天，毛泽东被选为第一师范学友会总务兼教育研究部部长后，便接办夜学，专为提高工人的知识文化而设立。

毛泽东在与同学好友之间交流心得、谈古论今时，越发想成立一个学会形式的团体。经过毛泽东、蔡和森、萧子升等人一起商定，将名字确定为新民学会，并于1918年4月在长沙蔡和森家里正式成立。当毛泽东等在长沙建立共产党早期组织和社会主义青年团时，新民学会优秀分子陆续加入。

毛泽东的同学萧瑜回忆，毛泽东对他所从事的任何事情都肯花工夫去精心谋划，是杰出的组织者，他对敌人的力量估计得异常准确。

萧三称赞说，在第一师范时，毛泽东就表现了超群的活动能力和组织才能；当大家争论不休时，毛泽东就起来把各人的意见集中起来或者提出新的意见，大家都很心服。毛泽东确实有惊人的说服力。

要将宇宙看稊米

毛泽东在青年时期，就立下拯救民族于危难的远大志向，持其所信,胸怀天下,向前奋斗。

他曾在日记中写道:"与天奋斗,其乐无穷! 与地奋斗,其乐无穷! 与人奋斗,其乐无穷!"①

1912 年上半年,湖南全省高等中学校曾组织了优秀作文评选。正在读书的毛泽东,写了一篇作文《商鞅徙木立信论》参加评选。

国文教员柳潜看了后,在多处写下评语,批给同学"传观"。赞誉,"实切社会立论,目光如炬","精理名言,故未曾有","逆折而入,笔力挺拔","历观生作,练成一色文字,自是伟大之器,再加功候,吾不知其所至","是有功于社会文字"。②

一师刊印了《明耻篇》一书。当毛泽东看到揭露日本侵华和袁世凯与日本签订丧权辱国"二十一条"卖国罪行内容时,即挥笔写下:"五月七日,民国奇耻;何以报仇? 在我学子!"③以表达心中的极大愤慨。随后,他通过编印小册子,组织宣传救国工作等活动,号召大家为洗雪耻辱而斗争。

先天下之忧而忧。1916 年 7 月 25 日,毛泽东给萧子升的信中论述中日关系,作出惊人预见:思之思之,日人诚我国劲敌! 感以纵横万里而屈于三岛,民数号四万万而对此三千万者为之奴,满蒙去而北边动,胡马骎骎入中原,况山东已失,开济之路已为攫取,则入河南矣。二十年内,非一战不足以图存……

这是对 20 世纪 30 年代后期,抗日战争爆发的神奇般预言。此时,毛泽东已预感到一场大灾难将发生,痛心"国人犹沉酣未觉,注

---

① 周世钊:《毛主席青少年时期锻炼身体的故事》,人民体育出版社 1978 年版,第 30 页。

② 《毛泽东早期文稿》,湖南人民出版社 2013 年版,第 2 页。

③ 《毛泽东早期文稿》,湖南人民出版社 2008 年版,第 10 页。

意东事少"。

对民族所处危亡境地,毛泽东深表忧虑。

五四运动爆发后不久,毛泽东主编《湘江评论》,热情歌颂十月革命的伟大胜利,反对帝国主义和封建主义,激励人们"天不要怕,鬼不要怕,死人不要怕,资本家不要怕"。

毛泽东将心中的未来描写了出来:"他日中华民族的改革,将较任何民族为彻底。中华民族的社会,将较任何民族为光明。中华民族的大联合,将较任何地域任何民族而先告成功。""我们总要努力!我们总要拼命向前!""光华灿烂的世界,就在前面!"①

1918年4月,罗章龙准备到日本去,临行前新民学会为他饯行。毛泽东用二十八画生的笔名给罗章龙写了一首诗,其中写道:"丈夫何事足萦怀,要将宇宙看稊米。"②

那时的毛泽东,就表现了不凡的胸襟。言谈之间,不时流露出以天下为己任的气概。

他在1919年8月4日的《民众的大联合(三)》中写道:"我们知道了!我们觉醒了!天下者我们的天下。国家者我们的国家。社会者我们的社会。我们不说,谁说?我们不干,谁干?刻不容缓的民众大联合,我们应该积极进行!"③

他大声呼唤:"立起主义的旗帜,让我们一同趋赴。"

年轻的毛泽东,既有"问苍茫大地,谁主沉浮"的仰天长问,又有"到中流击水,浪遏飞舟"的浩然壮气,凭着满腔报国的为民热忱,干就了一番拯救黎民百姓于水火的奇迹伟业。

---

① 《毛泽东早期文稿》,湖南人民出版社2008年版,第359页。
② 《毛泽东早期文稿》,湖南人民出版社2008年版,第262页。
③ 《毛泽东早期文稿》,湖南人民出版社2008年版,第356页。

毛泽东是如何树立对马克思主义的信仰的？

1936 年 7 月，美国记者斯诺在宋庆龄和我们地下党组织的帮助下，来到当时中共中央和中国工农红军总部所在地陕北保安县城。

对这位来到根据地的外国记者，毛泽东十分重视。他专门安排时间，围绕自己的革命经历和中国革命的情况等，与斯诺进行了深入交谈。

毛泽东的习惯，一般是集中在晚上开始工作。因此，与斯诺的谈话大都是从晚上 9 点多开始，到凌晨 2 点结束。在半夜十一二点时,毛泽东还会招待斯诺吃一顿便餐。

在 10 月的一天夜里,陕北的天气已经开始转凉。窑洞里,毛泽东盘膝而坐,对斯诺说:《共产党宣言》等三本书"特别深刻地铭记在我的心中,使我树立起对马克思主义的信仰","我接受马克思主义,认为它是对历史的正确解释,以后,就一直没有动摇过"。①

毛泽东的这番话,成为他信仰马克思主义的标志性事件。

如果从更广阔的时空背景看,在近代之后世界与中国的历史变动过程中,中国共产党的先驱们选择马克思主义有着必然性和共同性。

近代之后国家屡受侵略、人民流离失所,使毛泽东等党的先驱们萌发了救国于危亡、救民于水火的愿望,构成了信仰马克思主义的原动力

毛泽东小的时候,家境比较殷实。家里有田 20 余亩,还雇有长工,但这并没有影响毛泽东对劳动人民的天然情感。

特别是,毛泽东的母亲十分淳朴善良。他曾如此描述他的母亲:世界上有三种人,损人利己的,利己而不损人的,可以损己以利人的,自己的母亲便属于第三种人。在母亲的影响下,毛泽东从小就同情贫弱,乐于助人。

幼时的毛泽东,特别喜欢看中国古代的传奇小说。有一天,毛泽东在读这些书的时候,突然冒出一个别人不曾有过的想法,就是这些小说故事中的人物,都是勇士、官员或者文人学士,没有农民当主角。

---

① 《毛泽东自述》,人民出版社 2008 年版,第 45 页。

毛泽东为此纳闷了好长时间，终于有一天想明白了：这些书都是颂扬统治者，而他们是不用种地的，因为他们拥有并控制土地，迫使农民去替他们种地。

可以说，毛泽东很早就朴素地认识到社会不合理不公正的根源。

1910年4月，湖南发生了一件被毛泽东称为"影响了我的一生"的事情。当时，长沙发生了严重饥荒，很多老百姓都快饿死了，甚至有人率全家投塘自尽。于是饥民们只好去找官府，结果被血腥镇压，很多人被杀，头颅被挂在旗杆上示众。

毛泽东沉痛地对斯诺回忆起这件事，并说：

"大多数学生都同情'叛乱分子'，但他们仅仅是从旁观者的立场看问题。他们并不明白这同他们自己的生活有什么关系。他们只是单纯地把它看做一件耸人听闻的事件而感兴趣。我却从此把它记在心上。我觉得跟'暴民'在一起的也是些像我自己家里人那样的普通人，对于他们受到的冤屈，我深感不平。"①

从中不难看出，毛泽东并不是社会苦痛的旁观者，对广大人民群众有着深厚情感。从他看到的或接触到的残酷社会现实中，救民于水火的愿望已经开始萌生。

此时的中国，被西方铁蹄蹂躏，国家蒙辱、人民蒙难、文明蒙尘。无数的仁人志士奋起反抗侵略，还有不少人著书立说，积极传播新思想。

① 《毛泽东自述》，人民出版社2008年版，第21页。

一次，毛泽东读到一本列强瓜分中国的书，其中开头一句话就是"呜呼，中国其将亡矣！"

这句话，多年之后仍然烙印在毛泽东的心中。

而书里面所讲的日本侵占中国台湾等事情，使毛泽东受到很大震撼，开始知道韶山外还有更广阔的天地，知道中华民族正经历苦痛伤悲，认识到国家兴亡、匹夫有责。

毛泽东再也不想在闭塞的环境中，过着重复平庸的日子。他下决心走出去，拥抱更广阔的世界。

求学期间新思想、新知识扑面而来，使毛泽东的胸怀更加宽广，从而立下高远志向，为拥抱马克思主义奠定了基础

在湘乡县立东山小学堂学习期间，毛泽东的视野逐渐打开了。

康有为等维新派的书籍、文章，对毛泽东产生了很大影响。他尤为喜欢梁启超办的《新民丛报》，反复研读，不但写下了大量批注，而且能背诵其中的很多文章。

当毛泽东得知同学萧子暲（即萧三），手中有一本《世界英雄豪杰传》时，便借回来阅读。他很快就被书中华盛顿、林肯、拿破仑、彼得大帝等人物的事迹所吸引，认为中国也要有这样的人物，我们应该讲究富国强兵之道。

后来，毛泽东考入湖南省立第一师范学校。与他差不多同时期，蔡和森等一批热血青年也考入该校，而本来已经是秀才的何叔衡也到校学习。

这所学校办学思想较为开明，在杨昌济、徐特立等一批学识渊博老师的影响下，毛泽东接受了更多的新思想。后来，毛泽东回忆说，我的政治思想在这个时期开始形成，我是在这里获得社会行动的初步经验的。

毛泽东十分喜欢国文、哲学、历史、地理等。他广泛阅读了包括"二十四史"、《资治通鉴》等古代典籍，还仔细研读了曾国藩的《曾文正公家书》《曾文正公日记》等。

中国传统文化中的优秀部分，特别是经世致用的湘学士风，深深烙印于毛泽东的心中。

毛泽东曾利用假期，两次到岳麓书院寄读。书院中"实事求是"的匾额，给他留下了深刻的印象。

20多年后，他运用马克思主义对"实事求是"进行了新的解释，为中共中央党校的题词就是"实事求是"。

此外，毛泽东尤为关注时事。在师范学校读书的几年，他总共花了160多块钱，其中有1/3是花在订阅报刊上。他父亲骂他浪费，认为把钱挥霍在废纸上不值得，但毛泽东不为所动。

他一如既往地读报，追踪时事要闻，这个习惯一直坚持到上井冈山。这就使毛泽东对当时国内外发生的大事十分熟悉，同学们亲切地称他为"百事通"。广泛地阅读和深入地思考，使毛泽东总能察常人所未察。

在校期间，毛泽东还主动结交了一批志同道合的朋友，共同探讨救国救民之策。他们有感于时局危急，立志要改变现状，因此在一起时从不讨论琐碎小事。他们所讨论的是大事，是"人的性质，人类社会的性质，中国的性质，世界，宇宙！"①甚至在一个青年对毛泽东大谈买肉的事情后，毛泽东十分恼火，从此再不与其见面。

当时，无论是辛亥革命的爆发，还是民国的建立，都没能改变中

---

① 《毛泽东自述》，人民出版社2008年版，第36页。

华民族和中国人民的悲惨命运。于是,一批先进知识分子决心要启发民智,并掀起了新文化运动。其中,陈独秀创办的《新青年》影响最大。毛泽东的老师杨昌济,不但给《新青年》写稿,还向学生们推荐这个杂志。

毛泽东一经接触《新青年》,立刻就被深深吸引了。对正寻求新思想、探索新道路的毛泽东而言,这豁然打开了一个崭新的天地。他非常钦佩陈独秀等人,并视其为自己的楷模。

在新文化运动的影响下,毛泽东认定,要改造中国,需要根本上变换全国之思想。

在风起云涌的近代中国,毛泽东等党的先驱们反复比较各种各样的思潮和主义,最终选择了代表历史发展方向、指引人类解放的马克思主义

从湖南省立第一师范学校毕业后,25 岁的毛泽东第一次走出湖南,和李维汉等 24 名青年坐火车离开长沙,奔赴北京。

在北京期间,他认识了当时在北大图书馆当主任的李大钊,并在图书馆当了一名助理员。

作为新文化运动的中心,北京大学人才荟萃,以往在报刊文章中经常看到的熟悉名字,在这里都能见到他们本人。毛泽东十分兴奋,不放过任何求教的机会。他组织大伙儿和蔡元培、胡适等座谈,还认识了陈独秀。

在中国热情讴歌十月革命的李大钊,对毛泽东影响颇深。毛泽东亲耳聆听了李大钊《庶民的胜利》的演说,并阅读了《布尔什维主义的胜利》等文章,这使他开始了解十月革命和马克思主义。

第一次北京之行,让毛泽东越发感受到世界和中国的风云激荡。

就在毛泽东从北京回到湖南不久，五四运动爆发。他得知此消息后，立刻和好友一起，决定发动学生进行罢课。

此时的毛泽东，心潮逐浪高。

他在撰写的《湘江评论》"创刊宣言"中，用气势磅礴的语言热情欢呼："时机到了！世界的大潮卷得更急了！洞庭湖的闸门动了，且开了！浩浩荡荡的新思潮业已奔腾澎湃于湘江两岸了！顺他的生，逆他的死。"

一个人的思想转变，并非是一蹴而就的，往往要经历一个复杂的蜕变过程。

此时的毛泽东，虽然受到新思潮的影响，对十月革命比较了解，但他认为要改变中国，需要走一条温和改良的道路，想通过"无血革命""忠告革命"来改变现实。

然而，反动势力却毫不"温和"。

无论是《湘江评论》被以宣传"过激主义"为名查禁，还是在湖南驱逐了一个军阀结果换来的是又一个军阀，严酷的社会现实使毛泽东认识到：通过政治改良，绝无希望，必须另辟道路，思考根本的解决办法。

后来，毛泽东对英国元帅蒙哥马利谈起这段经历时说："我最初就没有想过干革命的问题，是因为形势所逼，不能不干。"[1]

1920年，毛泽东第二次到北京，与李大钊等人有了更深入的接触。受他们的影响，毛泽东对马克思主义产生了浓厚兴趣，特别留心搜寻和阅读当时为数不多的马克思主义书籍。

20多年后的1949年，毛泽东在西柏坡这样评价李大钊：在他的

---

[1] 《毛泽东年谱（1949—1976）》第五卷，中央文献出版社2013年版，第25页。

帮助下,我才成为一个马列主义者。

随后,毛泽东又去了上海,见到了陈独秀。此时,陈独秀等正在筹建上海共产主义小组。

毛泽东与陈独秀进行了深入交谈,后来他曾说:"他对我的影响也许超过其他任何人","陈独秀谈他自己的信仰的那些话,在我一生中可能是关键性的这个时期"。①

在残酷的社会现实中,在多种思想主义的比较中,毛泽东已经认定了马克思主义。他抛弃了以往主张的"忠告革命"等温和改良的主张,认为俄国式的革命,是无可如何的山穷水尽诸路皆走不通了的一个变计。

好友蔡和森在来信中提出,要明目张胆正式成立一个中国共产党,这让毛泽东产生了共鸣。他认为这一封信见地极当,他本人"没有一个字不赞成"。

多年后,毛泽东在同斯诺的谈话中说,到 1920 年夏,他已经在理论上和在某种程度的行动上,成为一个马克思主义者了,而且从此也自认为是一个马克思主义者了。

从以上历程可以看出,对民族民众的真挚情感,是毛泽东选择马克思主义的内在驱动力。

在汲取中华优秀传统文化精华、广泛吸收比较各种思潮主义的基础上,特别通过艰苦实践不断纠正一些认识上的偏差,毛泽东最终树立起了对马克思主义的坚定信仰,并为之奋斗了终生。

---

① 《红星照耀中国》,人民文学出版社 2016 年版,第 149 页。

毛泽东是如何从不会打仗到学会打仗的？

毛泽东本是一介书生，并不是军事行家！

1964 年 7 月 9 日，毛泽东在同一些外国代表谈话时说："我打了二十五年仗，包括朝鲜战争三年。我原来是不会打仗的，不知道怎样打，是通过二十五年的战争过程学会打的。"①

从不会打仗到学会了打仗，从军事上的门外汉到能征善战的伟大军事统帅，毛泽东走出了一条有着鲜明实践特色的军事家成长

① 《毛泽东文集》第八卷，人民出版社 1999 年版，第 386 页。

之路。

纵观历史,像毛泽东这样"被逼出来"的军事家,已是少之又少;像毛泽东这样集政治家、理论家、战略家和军事家于一身的伟大人物,更是极其罕见。

从尚武文化传承中来

中华民族的尚武文化源远流长、风骨天成,虽饱经沧桑烽火涤荡,但薪火相传蓬勃向上。

历经千百年延续,中华民族的尚武文化滋养了以爱国主义为核心的民族精神,培育了崇智善谋的民族品格,锤炼了尚勇担当的民族气魄。

"无湘不成军",湖南是中华尚武文化重要的传承区域。据资料介绍,韶山毛氏家族的民风素来强悍好胜。受 19 世纪 50 年代初曾国藩湘军兴起的影响,谈兵论政成为族风,强身习武成为习惯。

毛泽东在这样的氛围中耳濡目染,无疑受到尚武文化的影响。

从在湘乡县立东山高等小学堂读书起,他就特别注意锻炼身体和磨炼意志;到长沙求学后,更加醉心于谈兵论政。辛亥革命爆发后,他毅然携笔从戎,几个月的新军从军经历,使他对军队和打仗有了直接体验和直观感受。

回到湖南第一师范学校读书时,毛泽东厉行"文明精神""野蛮体魄",不仅以学识闻名全校,更以胆识过人赢得同学们的称赞。

毛泽东无疑不是人们常说的"登山则气迫,涉水则足痉"的文弱书生。

从中华文化和家族风尚中得来并在青年时代不断张扬的尚武文化,推动着他逐步意识到"须知政权是由枪杆子中取得的",并走上了以枪杆子夺取政权的革命道路。

从经典理论借鉴中来

人类漫长而惨烈的战争实践,在军事领域产生了许许多多经典名著。

从兵学圣典《孙子兵法》到《武经七书》,从克劳塞维茨的《战争论》到马恩列斯的军事论著等,这些璀璨的经典军事论著是人类军事文化的重要遗产,也是毛泽东研究战争、认识战争、指挥战争的重要滋养。

毛泽东酷爱读书。他所阅读书籍中,有的全篇论述军事问题,有的部分涉及军事门类;有的直接论述军事问题,有的间接体现军事思想。

比如,他从青少年时代起,就特别喜爱阅读《三国演义》《水浒》《左传》等书,非常熟稔书中的政治、军事斗争故事。在第一师范读书时的笔记本《讲堂录》中,他还用心记下了一些《孙子兵法》的条文。

毛泽东认为,那些前人总结战争经验得出的带原则性的军事规律和军事理论,都是战争留下来的血的教训,应该认真地去学习,从中汲取营养。"枪杆子里面出政权""战争是政治斗争的最高形式"等军事思想,显然就受到中外军事文化的影响。

毛泽东还认为,那些前人得出的军事规律和军事理论,也须接受新的战争实践的检验。要吸收那些用得着的东西,拒绝那些用不着的东西,增加那些自己所特有的东西。

他反对食古不化、食洋不化的照抄照搬的教条主义的态度和做法,从不把那些现成的教程条令之类的东西,视为一成不变的金科玉律。

毛泽东致力于革命性创造性实践,从理论与实践的结合上去解决难题,进而把军事科学和军事艺术推向一个崭新高度。

从丰富军事实践中来

毛泽东注意吸收中国传统军事思想,但是更注重从战争的实践中去掌握军事规律。他强调要重视从战争实践中学习,向自己的敌人学习,还说帝国主义和蒋介石是两个"教员"。

从 1927 年领导秋收起义开始,毛泽东长期战斗在中国革命军事斗争的第一线。"战争的经验是特殊的",这是毛泽东经历了红军十年艰苦斗争后的切身感触。

井冈山革命根据地开辟伊始,毛泽东在指挥红军应对敌人接连的"进剿""会剿"和"围剿"作战中,不断积累和丰富自己的战争经验,开创了以农村包围城市、武装夺取政权的中国革命道路,并概括总结出一套与这条道路相适应的战略战术原则,如著名的游击战争十六字诀。

抗日战争期间,毛泽东着眼于发挥中国军民的长处,提出了全民族的全面抗战路线和持久战的战略总方针。在此正确指导下,人民抗日力量迅速壮大,最终打败了日本帝国主义。

至解放战争时期,人民解放军已成长为百万雄师,并且在粉碎国民党军进攻的自卫战争中取得了阵地战、攻坚战和大歼灭战等大量的新鲜经验。毛泽东及时根据形势任务的新变化,总结提出了十大军事原则,指导人民解放军赢得了解放战争胜利。

据统计,仅在土地革命战争和解放战争时期,毛泽东组织指挥和参与组织指挥的战役战斗就达 239 次之多,尚存的从 1927 年到抗美援朝时期亲自撰写的军事论著和指挥作战的文电达 5000 余篇（件），约 400 万字。

在领导军事斗争的近半个世纪中，毛泽东经历了多种作战对象、多种作战样式和不同战争规模的实践，经历了创建和发展新型人民军队的实践，经历了武装夺取政权和保卫国家安全的斗争。

丰富多彩、波澜壮阔而又艰苦卓绝的军事实践活动，为他的军事创造提供了丰厚土壤和充足养分。

从惨痛教训反思中来

失败是成功之母。毛泽东对中国革命战争特点和规律的深入认识与探索，是以大革命失败后亲身领导革命武装斗争的实践为起点的。

年轻的中国共产党，曾一度简单套用马克思列宁主义关于无产阶级革命的一般原理和照搬俄国十月革命城市武装起义的经验，导致中国革命遭受到严重挫折。

从北伐战争到土地革命战争，中国革命的发展经历了起起伏伏。当北伐战争顺利推进时，蒋介石、汪精卫先后叛变革命，大肆捕杀共产党人和工农群众，革命形势发生了逆转。

在此危急关头，毛泽东在八七会议上严词批评了陈独秀的右倾错误，并着重指出了过去轻视军队、轻视军事斗争的错误，提出了"须知政权是由枪杆子中取得的"的著名论断。

从领导秋收起义开始，毛泽东探索形成了土地革命、政权建设、武装斗争三位一体的工农武装割据思想，探索了以农村包围城市、武装夺取政权的革命道路。这一时期，土地革命战争取得重大胜利，全国红军发展到 30 万人，创建了大大小小十几块革命根据地。

然而此后,党中央曾先后发生几次"左"倾路线错误,葬送了中国革命的大好形势。这几次大的错误,既包括政治路线的错误,也包括军事路线的错误,使"白区"党组织被破坏殆尽,南方主要革命根据地几乎全部丧失,中央红军被迫长征。

在中央红军血战湘江损失惨重即将进入湘西敌人预设口袋的危急关头,毛泽东敏锐意识到不能按照原定路线行军,力主"通道转兵"转向贵州,为党和红军赢得了转机。这才有后来的遵义会议和长征胜利。

毛泽东本人也从不讳言自己打过败仗。他认为,打败仗对自己是很有益处、有帮助的,因为亲身碰了钉子就会受了教育,就是那些打得不错的胜仗也要找出不足。

可以说,毛泽东早期的用兵之法,是从挫折甚至失败的教训中总结反思出来的,是在同错误路线和思想相斗争、相比较中发展起来的。

从集体智慧结晶中来

中国革命战争的实践,是人民群众的实践。

军事民主是革命战争年代我党我军克敌制胜的重要法宝。中国人民革命战争,造就了千百万群众英雄和一大批卓越的无产阶级革命家、军事家。

在我军建设初期,毛泽东就大力提倡军事民主,反对军阀专制主义。

他始终相信和尊重群众的首创精神,勇于吸收和集中来自领袖群体、战略区指挥员和广大群众的宝贵经验和意见建议。在中央工作的党和军队的领导人,通过参与重大决策、起草军事文电、撰写军事著作等方式,直接或间接地参与了毛泽东的军事实践活动。

在作出重大决策之前,毛泽东十分重视与各方面特别是战略方向指挥员进行充分的酝酿和协商,重视按照下级的正确意见来补充或修正自己的决定。

如,1948年原定华东野战军三个纵队于汉阳整训后渡长江南进,在南方数省实行宽大机动作战。后来根据粟裕不过江的战略建议,毛泽东改变了自己"渡江跃进"主张,改为留在中原地区作战。

淮海战役第二阶段,原定歼灭邱清泉、李弥兵团,夺取徐州,后来毛泽东采纳刘伯承、邓小平和陈毅等的意见,改为歼灭黄维兵团。

一个人的智慧毕竟是有限的,而众人之智则是无穷的。毛泽东在战争指导上的这种科学方法和良好作风,保证了中国革命战争一系列重大决策的正确性。

可以说,毛泽东的战争指导活动,不是他个人的战争实践,而是包括当时全党全军和全体革命群众的战争实践,包含亿万人民群众和广大指战员的斗争经验和首创精神,凝聚着老一辈无产阶级革命家、军事家们的心血和智慧。

毛泽东是如何让人民军队做到
官兵一致、上下同心的？

毛泽东在总结人民军队打胜仗的经验时指出，我军"历来依靠官兵一致，获得了光荣的胜利"①。

在长期的革命斗争中，我军之所以不断发展壮大，很重要的一条，就是我们军队内部有官兵一致这个特殊优势。

官兵一致的原则，是毛泽东1937年10月同英国记者贝特兰谈话时，总结人民军队

---

① 《毛泽东文集》第三卷，人民出版社1993年版，第238页。

政治工作经验概括出来的。其实质就是，政治上一律平等，战斗中生死与共，生活中同甘共苦。

用当时流传的一句话说，叫作"有盐同咸，无盐同淡"。

这种革命性的感召和鼓舞，使红军官兵焕发出最彻底的战斗热情，引得人民群众纷纷送子参军，也让饱受军阀压迫的国民党官兵投奔而来，从而使人民军队获得了其他任何军队、任何敌人所无法获得的伟大力量。

建立士兵委员会制度，实行人民军队内部民主

1965 年 5 月，阔别三十六载的毛泽东再次来到井冈山。

忆往昔峥嵘岁月稠。毛泽东问在场的众人：井冈山精神是什么？有人答"艰苦奋斗"，有人答"支部建在连上"。

毛泽东听了后，笑着说："在井冈山时期我们摸索了一套好制度、好作风，现在比较提倡的是艰苦奋斗，得到重视的是支部建在连上，忽视的是士兵委员会。"①

士兵委员会是一种组织形式，其背后却是人民军队内部民主的起源——"官兵一致"。

红军诞生之初，仍带有农民和旧军队的鲜明印记。当年，有不少从旧军阀里过来的"五皮"干部：脚穿皮鞋，手戴皮套，腰系皮带，肩挎皮包，手握皮鞭。在国民革命军中，实行的还是雇佣兵制度，士兵为领饷而打仗，军官打骂士兵是家常便饭，官兵关系对立更是司空见惯。这样的雇佣军队，注定无法完成中国革命的历史任务。

---

① 转引自马社香：《前奏：毛泽东1965 年重上井冈山》，当代中国出版社 2006 年版，第174 页。

历史把使命交给了毛泽东领导的工农革命军。

1927年9月29日，江西永新县三湾村。为改变起义失败后部队军心涣散、官兵关系恶劣等现状，毛泽东决定对这支队伍进行整顿和改编。这就是人民军队历史上影响深远的"三湾改编"。

针对当时部队中存在的军阀主义作风严重的问题，除了将部队由一个师缩编为一个团、将党的支部建在连上以外，改编的另一项重要内容就是在军队内实行民主，即设立士兵委员会，实行官兵平等、经济公平，破除旧军队长期存在的雇佣关系。

10月3日清晨，经过4天的短暂休整和改编，脱胎换骨的中国工农革命军第一军第一师第一团，带着全新的革命火种向井冈山进发了。

改编后的红军，连以上的部队中都选举产生了士兵委员会。士兵委员会没有专门的办公场所，只是遇事开会研究，但他们的任务却与每个士兵的切身利益密切相关：一是参加军队管理；二是维持红军纪律；三是监督军队经济；四是做群众运动；五是做士兵政治教育工作。[①]

据张令彬回忆说："士兵委员会是在党委领导之下。当时连队的支部是秘密的，连队的党员也是秘密的，上面的党委是公开的。士兵委员会是经过党委讨论之后才建立起来，一般都是党员担任士兵委员会的主任。士兵委员会下面有伙食委员、宣传委员、组织委员，每天连排长点名，说明一天的好坏。士兵委员会负责维持纪律，他们自己以身作则，在政治经济各方面和大家都是平等的，所以，他们在

---

① 参见井冈山革命根据地党史资料征集编研协作小组、井冈山革命博物馆编：《井冈山革命根据地》（上），中共党史资料出版社1987年版，第365页。

部队里威信很高,很受人尊敬。"①

一天,士兵委员会发现有人玩牌赌钱,赌钱的人里居然有连长徐彦刚!

这个徐彦刚可不简单,他是黄埔军校毕业生,早在1926年就加入了中国共产党,秋收起义后随毛泽东上井冈山。后来,还被毛泽东委派到曾是"山大王"的袁文才的部队参与改造工作,是个名副其实的"老革命"。

可士兵委员会不管这些,照旧上报到军级士兵委员会主任陈毅那里。陈毅当即表扬了士兵委员会,又派人把徐彦刚批评一通。徐彦刚承认错误,还在中共湘赣边界第一次代表大会期间受罚站岗三天。

经此一事,士兵委员会威名大振。

何长工就评价道:"军队内实行民主制度,从根本上改变了旧军队那种官兵对立关系,是我们军队无产阶级本质的体现。改编后大家情绪很高。"②

毛泽东在《井冈山的斗争》一文中,总结了红军实行官兵一致的军内民主制度的经验,明确肯定了其积极意义。他说:

"红军的物质生活如此菲薄,战斗如此频繁,仍能维持不敝,除党的作用外,就是靠试行军队内的民主主义……尤其是新来的俘虏兵,他们感觉国民党军队和我们军队是两个世界。他

---

① 井冈山革命根据地党史资料征集编研协作小组、井冈山革命博物馆编:《井冈山革命根据地》(下),中共党史资料出版社1987年版,第155页。

② 井冈山革命根据地党史资料征集编研协作小组、井冈山革命博物馆编:《井冈山革命根据地》(下),中共党史资料出版社1987年版,第114页。

们虽然感觉红军的物质生活不如白军,但是精神得到了解放。同样一个兵,昨天在敌军不勇敢,今天在红军很勇敢,就是民主主义的影响。"①

"欲谋胜敌,先谋人和。"正是这种官兵一致、上下同心的新型官兵关系,凝聚起无坚不摧的精神力量,让红军成为一支战无不胜的雄师劲旅。

规定官兵同灶吃饭,从不要求人和特殊待遇

毛泽东始终把自己看作是普通一员,终生保持着艰苦朴素的生活习惯。他曾说:"只要共产党人团结一致,同心同德,任何强大的敌人,任何困难的环境,都会被我们战胜的。"②

在旧式军队中,官兵向来是不同灶的。秋收起义部队转战井冈山之前,部队设有军官食堂,军官每顿饭都是四菜一汤,与士兵的待遇悬殊很大。

三湾改编期间,毛泽东为扫除部队内部的旧习气和旧制度,采取了一系列重大变革措施。其中很重要的一项,就是下令取消军官小灶,规定官兵同灶吃饭。红军上至前委书记和师长,下至马夫勤务兵,均实行同吃一锅饭一盘菜,谁也不许搞特殊化。

这一重大变革,得到了士兵群众的热烈拥护。

正如罗荣桓所说的那样:这是一个了不得的变革,它更加密切了官兵关系,对干部的考验和改造也起到了积极的作用。

土地革命战争时期,因为国民党军的层层"围剿",根据地不仅

---

① 《毛泽东选集》第一卷,人民出版社 1991 年版,第 65 页。
② 《毛泽东文集》第三卷,人民出版社 1996 年版,第 22 页。

缺医少药,连粮食也不能得到保障。红军官兵吃的是红米饭、南瓜汤,甚至一天只吃一顿的红米饭、南瓜汤也得不到保证,还要从山里挖野菜充饥。

然而,红军官兵不仅没有任何怨言,还以乐观主义精神自发地编唱一首传颂至今的歌谣:"红米饭,南瓜汤,秋茄子,味好香,餐餐吃得精打光。"

为什么红军官兵没有任何怨言呢？原因就是,作为中央委员、前委书记的毛泽东,和官兵们吃的是一样的野菜粥。

有一次,炊事员看到毛泽东日夜操劳,实在不忍心,专门为毛泽东做了一碗白米饭。吃饭的时间到了,毛泽东看到饭桌上的白米饭,端起来走到伙房问道:"大家吃什么？"

炊事员还没有来得及回答,毛泽东已经看到一大桶野菜粥。他二话不说,直接将白米饭倒到粥桶里,用饭勺搅了搅,然后盛起一碗,走到战士们中间,大口大口地喝了起来。

毛泽东一边吃一边说,这种野菜是很苦,可是有丰富的政治营养。我们干革命,就要吃大苦,没有今天的苦,哪有明天的甜呢？战士们看在眼里,听进心里,深受感动:毛委员都不觉得苦,我们也不怕苦！

作为湖南人的毛泽东特别喜欢吃辣椒,可谓嗜辣如命,曾笑谈"不吃辣椒不革命",足见他对辣椒的偏爱。

1930年5月,毛泽东到江西寻乌开展调查研究,每顿都是清水煮青菜,一点油水没有。警卫员吴吉清看在眼里,疼在心上。他知道毛泽东喜欢吃辣椒,于是挨家挨户到老乡家寻找,终于找到一串红辣椒,晚上炒好送到毛泽东房间。

正在聚精会神写报告的毛泽东,看到一盘红辣椒,就问辣椒从哪儿弄来的。吴吉清得意地回答,向老表要的。毛泽东站起来走了几步,问吴吉清:你们连长有没有给你讲"三大纪律、八项注意"?吴说:没有。毛泽东和颜悦色地说:"吴吉清同志,这件事不能怪你,主要是我们对党的政策宣传不够,教育没有及时跟上。一会儿你告诉你们连长,让司务长从我伙食费里把辣椒钱给老乡送去,还要给人家道歉。"①

长征途中,红军翻雪山过草地,辣椒更是宝。有一次,在给中央领导人分配食物时,警卫员给酷爱吃辣椒的毛泽东多领了 20 个红辣椒。毛泽东严令如数退回,并严肃地说:"我们是红军,领导人怎么能搞特殊化?"

官兵间团结友爱、生死与共,共御强敌与危难

"岂曰无衣,与子同袍。"《诗经》中的这一名句,反映出古代将士在强敌与危难面前舍生忘死、同仇敌忾的生动景象。

"雪皑皑,夜茫茫,高原寒,炊断粮。红军都是钢铁汉,千锤百炼不怕难……官兵一致同甘苦,革命理想高于天。"这首《长征组歌》中的《过雪山草地》同样脍炙人口。

回顾 80 多年前的长征路上,这样的景象何其多也!

漫漫征途,红军将士同甘共苦、团结一致、共御顽敌的一幕幕情景,让人们在充满硝烟与死亡的味道里,强烈感受到一种超越苦难的高尚人格与革命情谊,以及从中锻造出来的强大力量。

毛泽东的警卫员吴吉清,还回忆了这样一件事情。1934 年 11 月上旬,中央红军在湘南通过第二道封锁线时,毛泽东大病初愈,躺

---

① 转引自吴吉清:《在毛主席身边的日子里》,中央文献出版社 2007 年版,第 98 页。

在担架上随军前行。可偏巧这个时候,吴吉清也因患疟疾发起了高烧。

毛泽东看到他难受的样子,坚持从担架上爬下来,把担架让给他。吴吉清知道毛泽东的身体也很虚弱,一再推辞。毛泽东安慰他说:"同志们抬你走是要累一些,但这不要紧,因为我们都是同志。同志这个称呼包含着什么内容,你不明白吗?"①

在翻越海拔4900多米的夹金山时,毛泽东把马让给伤病员和体弱的女同志使用。他说,多一个同志爬过雪山,就为革命多保存了一份力量。走到半山,气候骤变,冰雹劈头打来。他拉着战士的手前进,同时嘱咐大家:低着头,不要往上看,也不要往山下看,千万不要撒开手!

一会儿,冰雹停止,但越近山顶空气就越稀薄。一些体力弱的战士一坐下来,就再也没有起来。毛泽东对坐在雪地里休息的一名同志说:"你坐在这里非常危险的,来,我背着你走。"警卫员抢先把人背起,在毛泽东帮扶下走向山顶。

贺子珍是毛泽东的夫人,在长征中并没有要求任何特殊的待遇。刚生完孩子一个星期,她自己本是该被照顾的对象,可当看到红军伤员处于敌机轰炸扫射时,便不顾一切地冲出去。当来不及背也背不动伤员时,她毅然扑到伤员身上,以自己虚弱的身体保护伤员。

在漫长而艰苦的征途中,红军官兵之间无不体现着同甘苦、共患难的同志情、战友爱。靠着对革命的坚定信仰、官兵间团结友爱的生死情谊,红军将士挺过了最艰难的时刻,战胜了恶劣的自然环境,瓦解了围追堵截的敌军,胜利完成了二万五千里的战略大转移。

---

① 转引自吴吉清:《在毛主席身边的日子里》,中央文献出版社2007年版,第171—172页。

自三湾改编奠基后,人民军队继承和发扬官兵一致的优良传统,不断充实新内容。如抗日战争时期,军队在整风基础上开展了尊干爱兵运动。解放战争时期,军队经过新式整军运动,把政治、经济、军事三大民主制度化了,在连队建立了革命军人委员会的组织。

人民军队遵循官兵一致的原则,正确处理军队内部关系,培养了广大官兵高度的责任感和主人翁精神,形成了生动活泼的政治局面,成为团结自己、战胜敌人的重要保证。

毛泽东是如何走出"鬼也不上门"的
黑暗时刻的？

1965 年，毛泽东在接见一个外国共产党代表团时，曾以诙谐的语气讲述起当年的一些往事。他说：

"他们迷信国际路线，迷信打大城市，迷信外国的政治、军事、组织、文化的那一套政策。我们反对那一套过'左'的政策。我们有一些马克思主义，可是我们被孤立。我这个菩萨，过去还灵，后头就不灵了。他们把我这个木菩萨浸到粪坑里，再拿出来，搞得臭得很。那时候,不但一个人也不上门,连一个鬼也不上门。我的任务是吃饭、睡觉和拉屎。还好,我的脑袋没有被砍掉。"①

毛泽东这里所讲的人生遭遇,反映的是20世纪30年代,他在探索中国革命道路过程中遭到"左"倾教条主义排挤打压的情形。然而,即使"连一个鬼也不上门",毛泽东也没有灰心丧气、撂挑子不干。

凭着坚定的信念、非凡的智慧,他不但走出人生"黑暗"时刻,还指引中国革命迈向光明和未来。

人的一生不会一帆风顺,会有曲曲折折;由于"左"倾教条主义的影响,毛泽东的正确认识不仅不被接受,其本人还遭受到非难和打压

大革命失败后,面对国民党反动派的血腥屠杀,广大共产党员并没有被吓倒、被征服、被杀绝,他们一往无前地继续战斗。

恰如毛泽东所说的,"被人家一巴掌打在地上,像一篮鸡蛋一样摔在地上,摔烂很多,但没有都打烂,又捡起来,孵小鸡"②。

这期间,中国共产党先后领导了三大起义,召开了具有历史性意义的八七会议。特别是,毛泽东率领秋收起义的部队上井冈山、建立根据地,在血与火的考验中蹚出一条革命新路。

然而,毛泽东立足中国革命实际走出的农村包围城市的革命道路,在马克思主义经典著作中找不到现成字句,和巴黎公社、十月革命相比也不尽相同,这就被一些教条主义者视为"异端"。

在秋收起义中,毛泽东针对敌强我弱的情形,决定率部转战井冈

---

① 《毛泽东传》(一),中央文献出版社2010年版,第325—326页。
② 《毛泽东文集》第三卷,人民出版社1999年版,第292页。

山。结果，这一正确的抉择，被一些人认为是"最可耻的背叛与临阵脱逃"，毛泽东的政治局候补委员职务也被因此撤销了。这一决定在井冈山传达时，又被误传为"开除党籍"，这就使毛泽东一度成了"党外人士"。

1931年1月，党的扩大的六届四中全会在上海召开。在共产国际执行委员会远东局书记米夫的干预下，缺乏斗争经验、不知中国国情的王明成为中央政治局委员。

王明不可谓不聪明，对马克思主义的著作相当熟悉，甚至能背诵若干篇章；王明又不可谓不糊涂，只知按"本本"规定的做、按"先生"指示的办。

特别是，王明根本搞不清中国革命的实际情况，否认当时中国革命处于低潮，强调全国范围的进攻路线；坚持城市中心论，低估农民在中国革命中的重要地位。

王明还大搞宗派主义，想方设法排除异己。以王明为代表的"左"倾教条主义在党中央取得统治地位，使毛泽东的处境变得艰难起来。

1931年11月，中共中央代表团在瑞金主持召开中央苏区党组织第一次代表大会。受教条主义影响，这次大会不但对中央苏区在斗争中取得的成功经验给予批评，同时强调要"集中火力反对右倾"，实际上是不点名地批判毛泽东。

这次会议还决定设立中央革命军事委员会，取消了红一方面军总司令和总政委、总前委书记的名义。这样，就把毛泽东排除在红军领导指挥层之外。

对毛泽东的打击，还包括对他的军事指挥妄加否定。

自井冈山革命根据地建立后，毛泽东面对国民党军的"会剿"

"围剿"，总结出一整套灵活机动的战略战术原则，屡屡取得作战胜利。然而，"左"倾教条主义者对此不屑一顾。

比如，在乐宜战役胜利后，毛泽东看到部队比较疲劳，决定将红军主力转移到根据地进行休整，以待时机再行进攻。就是这样一个正确的决策，却在宁都会议上被批判。

有人指责毛泽东对"夺取中心城市"方针是"消极怠工"，把"诱敌深入"指责为"守株待兔"。最终，会议通过了毛泽东"仍留前方助理"的意见，同时又批准毛泽东"暂时请病假"。

遭遇此局面，毛泽东对王稼祥说：算了吧，我们是少数，还是服从多数吧。这样，毛泽东就暂时离开了红军队伍。

1933年，在中共临时中央负总责的博古等，因为在国民党统治下的上海难以立足，转移到瑞金，由此开始了全面推行"左"倾错误方针和政策。

第五次反"围剿"中的黎川失利，明明是博古、李德指挥失误，他们却把失责推卸给部队指挥员萧劲光，实际上矛头对的是毛泽东。萧劲光虽然没有被处以极刑，但被判了5年监禁，并被开除党籍军籍，后调到红军大学当战术教员。

在1934年1月召开的第二次全国苏维埃代表大会上，毛泽东也不再担任人民委员会主席的职务。

这一系列举措，实际上把毛泽东排除在军队、政府之外。非但如此，毛泽东的亲人们也受到排挤，贺子珍由管文件改当收发，弟弟毛泽覃被撤职，甚至被威胁要开除党籍。

毛泽东曾说："他们整你们，是因为我。你们是受了我的牵累呀！"[1]

---

① 《贺子珍的路》，作家出版社1985年版，第175页。

逆境,是弱者沉沦的借口,是强者自强的窗口。毛泽东虽受排挤打压,并没有意志消沉,读书、实践、思考,前行的脚步一刻没有停歇

在极为艰难的日子里,毛泽东始终信仰坚定、意志坚强。

一方面,他并没有因为受到不公正的对待而消极怠工,尽可能地为党做工作。另一方面,他大量阅读马克思主义著作,并深入进行调查研究。

晚年的李维汉,在身患重病的情况下,写了一部关于中共党史的力作《回忆与研究》。谈到这一段历史时,他说,那时王明路线的主要负责人整人整得很厉害,不是把你拉下领导职务就算了,还批得很厉害。

李维汉还描述了当时毛泽东的态度:"他坚持三条:一是少数服从多数;二是不消极;三是争取在党许可的条件下做些工作","毛泽东在受打击的情况下,仍能维护党的统一,坚持正确的路线和主张"。[①]

反对本本主义,需要到马克思主义中找到理论的"金钥匙",打开通往胜利的"大门"。

毛泽东回忆往事时曾说:1932 年秋开始,他没有工作,就从漳州以及其他地方搜集来的书籍中,把有关马恩列斯的书统统找了出来,不全不够的就向一些同志借。

陶铸的爱人曾志,对当时的情景有过如下回忆:红军打下漳州后,毛泽东和她一起去龙溪中学大量搜集书籍,面对图书馆里众多

----

① 《回忆与研究》(上),中共党史资料出版社 1986 年版,第 338 页。

书籍,毛泽东说这个好,那个也好。"他很可能就是在这里找到《资本论》《两种策略》《"左"派幼稚病》《反杜林论》等书和经济之类书的。"①

对于这些书籍,毛泽东如获至宝,反复阅读并写下了批注。他不光自己读,有几本书还推荐给彭德怀等人。他并认为,看了《"左"派幼稚病》,才会知道"左"与右同样有危害性。

毛泽东学习理论相当刻苦用心。

用他自己的话说:"差不多整天看,读了这本,又看那本,有时还交替着看,扎扎实实下功夫,硬是读了两年书","后来写成的《矛盾论》《实践论》,就是在这两年读马列著作中形成的"。②

正是以"望尽天涯路"的志存高远,耐得住"昨夜西风凋碧树"的清冷和"独上高楼"的寂寞,毛泽东下真功夫、苦功夫、细功夫读马克思主义著作,从而极大提升了理论水平,也为其从根子上批驳教条主义提供了锐利的理论武器。

读万卷书,行万里路。这一时期毛泽东在自己职权范围内,创造性地开展一系列工作。在主持临时中央政府工作期间,他领导健全各种工作制度,特别是以很大精力领导经济工作。

当时中央苏区有 300 万人口,主力红军、地方武装和机关人员有 10 余万,而国民党政府发动大规模"围剿"、实行经济封锁,无疑加剧了物资匮乏。在这种情况下,只有发展生产,才能支持长期斗争。

毛泽东领导动员广大民众参与生产。江西妇女以往没有下田的习惯,通过动员,妇女的生产积极性调动起来了。到 1933 年,全苏区农业生产平均增产近一成,解决了红军的给养问题。

---

① 参见《毛泽东传》(一),中央文献出版社 2010 年版,第 290—291 页。
② 参见《毛泽东传》(一),中央文献出版社 2010 年版,第 326 页。

为打破敌人的封锁，毛泽东还组织发展苏区的对外贸易，用稻米、钨砂、木材、香烟等中央苏区多余的生产品，与国统区进行贸易往来，换取食盐、布匹、洋油等。

为了推动政权建设，毛泽东还先后到江西的长冈乡、福建的才溪乡进行调研走访，同农民一起劳动，了解人民的生产生活情况。在此基础上，他写成《兴国长冈乡的苏维埃工作》《上杭才溪乡的苏维埃工作》两篇著名的调查报告，并在第二次全国苏维埃代表大会上对苏维埃政权建设的经验进行了深入总结。

新中国成立后，毛泽东谈及此事时曾说："一个人为什么只能上升不能下降呢？为什么只能做这个地方的工作而不能调到别个地方去呢？我认为这种下降和调动，不论正确与否，都是有益处的，可以锻炼革命意志，可以调查和研究许多新鲜情况，增加有益的知识。我自己就有这一方面的经验，得到很大的益处。"①

此外，毛泽东顾全大局，虽然遭到批判，仍一如既往地关心革命的发展和红军的安危。

正当第五次反"围剿"陷入不利局面之际，国民党阵营中的第十九路军将领蔡廷锴等发动福建事变，建立政府并派代表与红军谈判合作。蒋介石大为恼火，立刻从"围剿"苏区的前线抽调兵力前去讨伐。

毛泽东密切关注形势发展，并向中央建议：红军应大胆突破国民党军的围攻线，突进至苏浙皖赣，将战略防御转变为战略进攻，这样不但能援助蔡廷锴，同时也能迫使进攻江西的敌人不得不撤兵回防，由此就能摆脱被动挨打的不利局面。

———————————

① 《毛泽东文集》第八卷，人民出版社1999年版，第291页。

虽然这一正确的建议没有被博古、李德等采纳，但再次证明了毛泽东高超的战略眼光和军事才能。

在第五次反"围剿"战事越来越不利的情况下，中央开始做战略转移的安排。有一天，周恩来打电话给毛泽东，要他了解于都方向的敌情和地形。毛泽东放下电话后，立刻组织人手进行实地调查，并专门找到从敌占区过来的人了解情况。这为后来中央从于都方向突围，起到了探路选路的重要作用。

张闻天的爱人刘英后来回忆说：毛主席来于都的主要任务，是察看地形，选择突围的路线。我们利用枯水期，在选定的地点架了五座浮桥，安然地过了于都河，走的就是毛主席选定的路线。

总之，毛泽东具有宽广的胸怀和坚定的意志。这使他即使身处逆境，也为党的工作不懈奋斗，最终赢得广大党员干部和红军指战员的支持拥戴。

历史从此选定了毛泽东。

"毛泽东思想"是如何提出并为全党接受的？

1945 年 4 月 23 日，延安杨家岭中央大礼堂。中国共产党第七次全国代表大会隆重开幕了。

在会议礼堂主席台中央，悬挂的毛泽东、朱德的画像格外醒目。画像上方"在毛泽东的旗帜下胜利前进"的巨幅标语，彰显出这次会议的特殊意义。

在这次大会上，刘少奇作了《关于修改党章的报告》，明确提出要把毛泽东思想作为"我们党一切工作的指针"，同时还对毛泽东思想的主要内容作了明确概括。

回顾我们党成立后波澜壮阔的历史不难看出,毛泽东思想是在中国革命斗争的实践中孕育发展形成的。党和人民在胜利与失败的反复比较中,深刻认识到毛泽东思想的科学性,并自觉地用以指导伟大的实践。

毛泽东在领导中国革命过程中,进行了非凡实践创新和大胆理论创造,形成了科学丰富的思想体系

1962 年 1 月,毛泽东在一次中央会议上指出:在新民主主义革命时期,"经过胜利、失败,再胜利、再失败,两次比较,我们才认识了中国这个客观世界"[①]。而这个认识中国革命客观世界的产物,集中体现为毛泽东思想。

毛泽东投身革命后,便自觉运用马克思主义基本原理观察思考中国的具体实际,并在艰苦实践基础上形成了一系列指导中国革命的科学认识。

无论是把"谁是我们的敌人? 谁是我们的朋友?"作为革命首要问题,还是振聋发聩提出"政权是由枪杆子中取得"重大论断;无论是在艰苦的农村斗争环境中写下《星星之火,可以燎原》指明中国特色革命道路,还是起草《关于纠正党内的错误思想》确立思想建党、政治建军,等等。毛泽东在坚持和发展马克思主义基础上,从多个方面对中国革命的基本问题进行了系统科学回答,成为指引中国革命胜利的明灯。

然而,由于中国的国情极其复杂、斗争环境极其残酷,特别是马克思主义"老祖宗"没有讲过中国革命应该怎样搞,毛泽东思想为全

---

① 《毛泽东文集》第八卷,人民出版社 1999 年版,第 299 页。

党接受也经历了一个复杂曲折的过程。

特别是由于"左"倾教条主义影响，毛泽东的许多正确主张往往受到质疑，他本人也受到排挤。在长征出发前，"左"倾教条主义者甚至想把毛泽东留在苏区。

时任李德翻译的伍修全曾说：如果毛泽东当时被留下，结果就难以预料了，我们党的历史可能成了另一个样子。

在血与火的革命实践中，最终赢得人们信服和支持的，不是华丽的辞藻、空洞的口号以及自诩的高深，而是能够避免不必要牺牲、解决革命实际问题的科学学说。

长征途中，广大党员和红军指战员从第五次反"围剿"前后的比较中，从遵义会议后党和革命事业转危为安的亲身经历中，在内心深处更加拥戴毛泽东，更加信服毛泽东提出的方针政策。毛泽东的正确主张，也得到了越来越多同志的支持。

一套科学的理论，必定有一条贯穿其中的正确思想路线。

红军到达陕北后，毛泽东在跟踪中日战局变化、领导抗日战争的过程中，对中国革命的特点规律进行了进一步深入思考和总结，从领导方法到政策策略，从党的建设到军事方针，从经济政策到政权建设，等等，他的思想认识日臻完善、更加系统。

特别是毛泽东还从认识论的高度，对应该树立怎样的正确思想路线进行了艰辛探索，这就使其思想学说具备了坚实的理论基础。邓小平后来曾指出，延安时期是毛泽东思想比较完整地形成起来的一段。

实际上，早在 1930 年毛泽东在《反对本本主义》中，就提出了党的思想路线问题，强调领导中国革命取得胜利，就要靠中国的同志去切实地了解中国国情。1937 年 7、8 月，毛泽东又写下《实践论》《矛盾论》两篇哲学著作，奠定了我们党的马克思主义思想路线的哲学基础。

在六届六中全会上，毛泽东明确提出"使马克思主义在中国具体化"。在延安整风中，毛泽东尤为倡导全党要用马克思主义之"矢"，射中国革命之"的"。贯穿这一思想征程的主线，就是要使马克思主义中国化，用中国化的马克思主义指导中国革命。

可以说，有了这样实践和理论上的准备，"毛泽东思想"的概念虽然没有提出，但其本体内容已经十分完备了。

我们党通过整风的方式，使全党尤其是党的高级干部对中国民主革命基本问题的认识达到了一致

一种思想学说往往要经过实践的检验，经过复杂的斗争，才能赢得人们的认可。

毛泽东所代表的正确思想路线及理论学说成为全党的共识，并非一帆风顺的。当时遇到的最大障碍，是以王明为代表的教条主义影响。

1937 年 11 月，曾在土地革命时期犯过"左"倾主义错误的王明，从苏联回国到达延安。他久居国外，对中国的国情党情认识不深，同时又自诩学识渊博，下车伊始便指手画脚，表现得十分傲慢。

特别是王明教条化运用马克思主义，并把共产国际决议和苏联经验神圣化，提出一系列与中国革命实际不相符合的错误观点。例如，忽视统一战线中独立自主原则，看轻游击战争的地位作用，不重视开展敌后根据地斗争等。

由于王明是米夫的得意门生，又常年在苏联担任中共驻共产国际代表，他常说他的主张是在传达共产国际和斯大林的指示，这就使一些人一时不能明辨是非，造成了思想上的一些混乱。

1938 年初，任弼时受党的指派前往莫斯科，向共产国际说明中国抗战的情况和国共两党的关系。由此，共产国际对中国的情形有了更深入了解。其执委会主席团在认真讨论后，认为中国共产党的政治路线是正确的。

7 月，王稼祥从苏联回国前，季米特洛夫专门接见他和任弼时，并明确表示：在中共中央内部应支持毛泽东的领导地位；王明缺乏实际工作经验，不应争当领袖。

9 月，王稼祥在中共中央政治局会议上传达共产国际指示和季米特洛夫的意见：中共建立的抗日民族统一战线，尤其是毛泽东等领导的八路军，执行了党的新政策，政治路线是正确的；中共在复杂的环境和困难的条件下，真正运用了马克思列宁主义；中共中央领导机关要"以毛泽东为首"。

为了从思想上系统清理教条主义，我们党决定采取整风的方式，深入学习马克思主义的思想方法和党的历史，以提高全党的理论水平。

1942 年，毛泽东先后做了《整顿党的作风》和《反对党八股》讲演，全面阐明了整风的任务和方针，以反对主观主义、宗派主义、党八股为主要内容的整风运动在全党普遍展开。

同时，为了使人们更好地从历史中汲取经验教训，认识正确路线的重要性，我们党决定以起草"历史决议"的方式，来澄清模糊认识，统一全党思想。

最早的"决议"草案稿，是任弼时在毛泽东撰写的《关于四中全会以来中央领导路线问题结论草案》基础上，于 1944 年 5 月写成的《检讨关于四中全会到遵义会议期间中央领导路线问题的决议（草案)》。后来,毛泽东将题目确定为《关于若干历史问题的决议》。

这个历史决议,经过党内充分讨论,充分吸收了各方面意见,在党的扩大的六届七中全会上通过。

正是有了对马克思主义理论的深入学习,有了对历史上成功与挫折的总结,有了深刻的批评和自我批评,我们党越来越深切地感受到以毛泽东同志为代表的理论和路线的正确性。

这就为毛泽东思想正式提出并上升为党的指导思想,奠定了坚实的基础。

我们党以强烈的理论自觉,把被实践证明了的正确理论原则和经验总结提炼出来、高举起来,并确立为党的指导思想

有了上述理论的、组织的、人心的条件,"毛泽东思想"已经呼之欲出了。

早在 1941 年 3 月,党的理论工作者张如心就使用"毛泽东同志的思想"这一提法,并从思想路线、政治路线、军事路线三个方面对其内在构成进行了划分。

1942 年 7 月 1 日,为了纪念中国共产党成立 21 周年,朱德在《解放日报》发表文章,明确提出我们党"创造了指导中国革命的中国化的马列主义的理论",陈毅则提出毛泽东创立了"正确的思想体系"。

1943 年 7 月,刘少奇在纪念我们党成立 22 周年的文章中,使用"毛泽东同志的思想"和"毛泽东同志的思想体系"两个表述,强调要用毛泽东同志的思想来武装。王稼祥在《中国共产党与中国民族解放的道路》一文中,则首先使用"毛泽东思想",并认为毛泽东思想就是中国的马克思列宁主义。

此后,毛泽东思想这个概念,逐渐为党内同志接受,并在一些文件和讲话中多次出现。例如，1943 年邓小平在一次讲话中就使用了"在以毛泽东思想为指导的党中央的领导之下"的表述。

最终，党的七大对毛泽东思想的内涵进行了科学界定，对其中包含的关于新民主主义的理论等主要内容进行了明确，并把毛泽东思想确立为党的指导思想，写入党章之中。

需要指出的是，在"毛泽东思想"这一概念提出的过程中，也有人使用"毛泽东主义"的提法。对此，毛泽东是不赞成的。

他在给吴玉章的电报中指出："不是什么'主要的要学习毛泽东主义'，而是必须号召学生们学习马恩列斯的理论和中国革命的经验。"对于这里所说的"中国革命经验"，毛泽东认为，它包括"中国共产党人（毛泽东也在内）根据马恩列斯理论所写的某些小册子及党中央各项规定路线和政策的文件在内"①。

对于一些刊物上，把毛泽东的名字和马克思、恩格斯、列宁、斯大林并列，毛泽东也不同意，认为这是错误的，是有害无益的。

从中不难看出，毛泽东在这个问题上的谨慎与谦虚。

实际上，毛泽东在党的七大上就讲："决议案上把好事都挂在我的账上，所以我对此要发表点意见。写成代表，那还可以，如果只有我一个人，那就不成其为党了。"②

可以说，毛泽东思想是中国共产党集体智慧的结晶，毛泽东是毛泽东思想的主要创立者。

正是由于毛泽东始终辩证认识理论与实践、个人与集体等一系列重大关系，从而使毛泽东思想能够更普遍更深入地掌握党员干部群众，极大地推进了中国革命的进程。

---

① 《毛泽东年谱（1893—1949）》（修订本）下卷，中央文献出版社 2013 年版，第 337 页。
② 《毛泽东文集》第三卷，人民出版社 1999 年版，第 297 页。

为什么抗战时期无数热血青年
争相奔赴延安？

"百年积弱叹华夏，八载干戈伐延安。试问九州谁做主，万众瞩目清凉山。"

这是陈毅写于 1945 年 4 月中共七大胜利闭幕之际的一首诗。延安土窑洞的灯光，既照亮了中国革命的航程，也感召着成千上万热血青年从祖国的四面八方奔赴延安。

据任弼时 1943 年 12 月在中共中央书记处工作会议上所述，抗战后到延安的知识分子总共 4 万余人。

这些人中，有青年学生，有年轻教员，有

不远万里归国抗日的爱国华侨,有些甚至是"大家闺秀"和"豪门公子",比如冼星海、邹韬奋、丁玲、艾青、茅盾、萧军等文化名人,张学良的弟弟张学诗、杨虎城的儿子杨拯民等爱国军人。

"到延安去!"成为一代热血爱国青年的心灵呼唤。

对于这些热血青年,毛泽东给予了高度评价:你们到延安找共产党,方向是对的,很不容易,这是很大的考验。进抗大没有考试,大家通过敌人的封锁线到延安来,这是最好的考试。

那么,为什么他们冒险涌到延安这个贫穷落后的黄土高坡"自讨苦吃"?为什么他们甘愿放弃优越生活汇聚到艰苦的"窑洞大学"?为什么延安就像一块磁石把有理想、有抱负的青年吸引过来?

中国共产党高举爱国主义旗帜,领导建立抗日民族统一战线,点亮了热血爱国青年救国救民的希望之光

九一八事变以后,日本连续制造侵略事端,直至卢沟桥事变爆发发动全面侵华战争。面对日本的大举侵略,国民党政府一再退让。蒋介石甚至提出"攘外必先安内"的方针。

在国难当头、民族危亡之际,无数热血青年们自觉担负起拯救民族、振兴中华的历史重任。卢沟桥事变后,很多青年赶到南京,希望能报效祖国,但他们的抗战热情没有得到回应。

一位上海青年的答案是:在南京,什么也没有——只有老官吏、老官僚。屡屡叫我们在一个办事处里等一等,于是,明天再来。很多人就是这样走掉了。

清华大学学生党员蒋南翔在起草的《告全国民众书》中,悲愤地喊出了爱国学生的共同心声:"华北之大,已经安放不得一张平静的书桌了!"

抗日则生，不抗日则死，抗日救国，已成为每个同胞的神圣使命。

面对日本帝国主义的侵略，中国共产党高举团结抗战的大旗，和平解决西安事变、提出第二次国共合作，号召全国同胞团结起来，筑成抗日民族统一战线的坚固长城，得到了广大青年知识分子的认同。

尤其是八路军开赴抗日前线后，连续取得平型关大捷、雁门关伏击战、夜袭阳明堡等对日作战的胜利，极大地鼓舞了全国民众抗日救国的信心。

1938年5月，毛泽东发表了《抗日游击战争的战略问题》和《论持久战》，系统、有力地驳斥了"亡国论""速胜论"等错误观点，给陷入迷惘困惑中的人民指明了方向，使广大民众和爱国青年看到了拯救民族危亡的希望。

当时的情况是：爱国青年们要抗日，国民党不抗日，共产党要抗日；要民主，国民党搞专制，共产党反专制。

为了拯救被侵略者铁蹄蹂躏的祖国和民族，一代热血青年从沦陷区、国统区不惜舍弃一切奔赴延安。

著名诗人何其芳在《我歌唱延安》一诗中，这样描述当时的情景："延安的城门成天开着，成天有从各个地方走来的青年，背着行李，燃烧着希望，走进这城门。学习，歌唱，过着紧张的快活的日子。然后一群一群地，穿着军服，燃烧着热情，走散到各个方向去。"

中国共产党以科学理论，感召热血爱国青年，铸就了广大青年奔赴延安的信仰之路、理想之路

抗日战争进入相持阶段后，国民党顽固派除了对中国共产党进行军事进攻，在思想战线上也发动了猛烈攻势。

1939年1月，蒋介石在国民党五届五中全会上作了《唤醒党魂，发扬党德,巩固党基》的报告,并作《整理党务之要点》的讲话。

他以抗战为借口,声称现在不能实行"宪政",只能实行"军法之治"的"军政";强调要以国民党来"管理一切",实行"以党治国""以党建国"。国民党的宣传舆论机器也大为造势,声称"中国有了三民主义就够了,用不着社会主义",并认为共产主义"不合于中国的历史道路"。

国家社会党的张君劢也发表致毛泽东的公开信,要求共产党取消边区,取消八路军和新四军,将马克思主义暂搁一边。有的民族资产阶级人士虽然对国民党的独裁统治和抗战不力表示不满,但也对中国共产党的主张和抗日战争前途抱有疑虑。

中国该走向何方？中国的前途在哪里？这是一个亟须解决的重大理论和实践问题。

以毛泽东同志为主要代表的中国共产党人,将马列主义基本原理与中国革命实际相结合,积极推进马克思主义中国化,进行了卓越的理论创造。

毛泽东先后写出了《实践论》《矛盾论》《中国革命战争的战略问题》《论反对日本帝国主义的策略》《〈共产党人〉发刊词》《中国革命和中国共产党》《新民主主义论》《论联合政府》等一系列不朽著作,探索找到了中国革命的发展规律,制定了新民主主义革命的正确路线、方针和政策,形成了新民主主义理论体系。

比如,毛泽东在分析三民主义发展史、比较三民主义同共产主义异同时指出,孙中山重新解释的革命的三民主义同共产党的最低纲领即新民主主义政纲的基本点是相同的,所以共产党承认三民主义为抗日民族统一战线的政治基础。但是两者又是有区别的。它们是以不同的世界观为指导的两种思想体系,两者在现阶段的某些具体政策不完全相同,革命的彻底性不同,革命的前景也不同。

这就不但有力揭露和批判了形形色色的假三民主义,而且还论述了孙中山的新三民主义与旧三民主义的区别,以及三民主义与共产主义的关系,从而阐明了中国共产党的理论和纲领,回答了中国向何处去的问题,凸显和增强了马克思主义对于中国问题的解释力、说服力。

马克思指出,理论只要能说服人,就能掌握群众,而理论只要彻底,就能说服人。

曾任中共中央宣传部副部长的林默涵回忆说,在那样一个内忧外患的迷茫年代,《论持久战》使他对国家和民族的前途命运"豁然开朗",觉得抗战有希望了。也正是因为看了《论持久战》,他才坚定了去延安的决心。

中国共产党积极推进马克思主义中国化大众化,以各种生动活泼的形式传播马克思主义,以科学理论感召广大青年。这些正是有志革命青年所追求和向往的,许多人就是怀里揣着毛泽东的著作来寻找延安的。

延安也以马克思主义科学理论滋养着一批又一批的青年学子,引领他们茁壮成长、不断进步。

中国共产党的崇高追求与广大青年的自我实现,发生了强烈共鸣与无限契合,使得延安成为热血爱国青年的革命熔炉

在中国共产党的领导和治理下,以延安为中心的陕甘宁边区成为当时全国民主政治建设的典范。

1937年11月27日,毛泽东在给其表兄文运昌的信中说道:

"我们这里仅有衣穿饭吃,上自总司令下至伙夫,待遇相同,因为我们的党专为国家民族劳苦民众做事,牺牲个人私利,故人人平等,并无薪水。"①

1940 年 2 月 1 日,毛泽东在延安民众讨汪大会上发表了《团结一切抗日力量,反对反共顽固派》的讲演。他颇为自豪地说:

"陕甘宁边区是全国最进步的地方,这里是民主的抗日根据地。这里一没有贪官污吏,二没有土豪劣绅,三没有赌博,四没有娼妓,五没有小老婆,六没有叫花子,七没有结党营私之徒,八没有萎靡不振之气,九没有人吃磨擦饭,十没有人发国难财"②。

这"十个没有",与腐朽、黑暗的国统区、沦陷区形成了鲜明的对比。

南洋华侨领袖陈嘉庚造访延安,毛泽东盛情宴请,却只有白菜、咸饭,另配一味鸡汤。在目睹了国民党在重庆的铺张浪费和共产党在延安的艰苦朴素后,陈嘉庚不由感慨,共产党的领袖如此简朴,中国的希望在延安!

中国共产党还明确提出了"新中国"的宏伟构想。

1937 年 7 月 15 日,中共中央明确提出"要把这个民族的光辉前途变为现实的独立自由幸福的新中国"的主张,并喊出了"独立自由幸福的新中国万岁"!

随后,毛泽东多次提及建立"新中国"的憧憬,构筑了一个令广

① 《毛泽东书信选集》,人民出版社 1993 年版,第 114 页。
② 《毛泽东选集》第二卷,人民出版社 1991 年版,第 718 页。

大青年无限憧憬的光辉未来。

1938年3月5日，毛泽东为抗大同学会成立题词："坚定不移的政治方向，艰苦奋斗的工作作风，加上机动灵活的战略战术，便一定能够驱逐日本帝国主义，建立自由解放的新中国。"

1938年5月4日，毛泽东出席延安青年纪念五四运动19周年晚会，号召青年们行动起来，打倒日本帝国主义，为建立独立、自由、幸福的新中国奋斗。

1939年5月1日，毛泽东在出席陕甘宁边区工业展览会开幕式时说：现在全国的工作是什么？是打日本，建设新中国，所以叫"抗战建国"。

随着国统区报纸对延安的宣传，以及《西行漫记》等的公开发表，沦陷区和国统区的进步青年逐渐了解了共产党及其所领导的军队，了解了延安真实的社会生活与政治生态，了解了共产党人的信仰、追求和抗日救亡的民族情怀。

他们看到了中国的希望，激发了对延安的向往。于是，"到延安去"，就由心灵呼唤变为实际行动。

奔赴延安的路漫长而艰辛，要克服重重困难，甚至有生命危险。

梁漱溟如是描述通往延安的路：车是军用大卡车，无篷。路是军用公路，而自西安往北，愈走愈高，缺乏桥梁涵洞，车行危险而且费事。但大批青年依旧义无反顾，从五湖四海结伴而来，踏上了这条心中的理想之路。

印度援华医疗队队长爱德华目睹时隐时现地行进在蜿蜒山路上向延安进发的青年队伍时，由衷地赞叹道："奇迹，奇迹，这简直就是奇迹！这是20世纪中国的耶路撒冷！"

中国共产党的崇高追求与广大青年的自我实现，发生了强烈共鸣与无限契合。

丁玲 1937 年发表了长诗《七月的延安》，对延安的社会生活予以由衷礼赞。诗中写道，"大伙儿来吧，自己的事，我们自己管。找不到赌场。百事乐业，耕者有田。八小时工作，有各种保险"；"街衢清洁，植满槐桑；没有乞丐，也没有卖笑的女郎"；"四方八面来了学生几千，活泼，聪明"；"七月的延安太好了，青春的心燃烧着"。

摄影家吴印咸说："我看到毛泽东主席、朱德总司令等人身穿粗布制服出现在延安街头，和战士、老乡唠家常，谈笑风生……我被深深地感动了。我觉得我已经到了另一个世界，这正是我梦寐以求的理想所在。"

新加坡华侨青年吴醒柏到延安地界时，跪在地上捧起一把黄土，紧紧贴在胸口上，无限动情地说："祖国啊，就剩下这一块干净土了！"

中国共产党充分尊重和大胆使用知识分子，使得延安成为热血爱国青年的成才之地

一个有远见的民族，总是把希望的目光投向青年；一个有远见的政党，总是把青年看作推进历史发展和社会进步的重要力量。

全面抗战爆发后，各种政治力量虽然团结在抗日民族统一战线的大旗下，但政治竞争依然存在，各党派都在争取青年知识分子。

1939 年 6 月，毛泽东在延安高级干部会议上作报告，高度肯定知识分子在中国革命中的作用，强调国民党与我们力争青年，军队一定要收容大批革命知识分子。

12 月，毛泽东起草了《大量吸收知识分子》的决定，指出："没有知识分子的参加,革命的胜利是不可能的。"①他要求,一切战区的党和一切党的军队,应该大量吸收知识分子加入我们的军队,加入我们的学校,加入政府工作。

1940年10月12日,毛泽东、朱德、王稼祥在电报中联名指示:"对知识分子,只要是稍有革命积极性,不问其社会出身如何,来者不拒,一概收留。"②

正是基于这样的认识,中国共产党比以往任何时候都重视知识分子工作,并制定了吸引、保留和使用知识分子的各项政策。为了满足青年知识分子继续求学的渴望,培养青年干部、积蓄革命力量,中国共产党先后创建抗日军政大学、陕北公学、鲁迅艺术学院等30多所干部学校,整座山城俨然成为一所窑洞大学。

毛泽东等中央领导干部十分关心学员的成长成才,经常应邀讲话或讲课。1938年4月9日,毛泽东在抗大第四期第三大队开学典礼上的讲话中指出:

> "不是为了自己,而是为了全国四万万五千万同胞,不是为了自己的家,而是为了四万万五千万同胞的家,牺牲一切。所以第一个决心是要牺牲升官,第二个决心是要牺牲发财,第三更要下一个牺牲自己生命的最后的决心!"③

1939年,毛泽东在《五四运动》《青年运动的方向》《一二九运动的伟大意义》等文章中,号召青年要到工农群众中去,把占全国人口

---

① 《毛泽东选集》第二卷,人民出版社1991年版,第618页。
② 参见《毛泽东年谱》中卷,人民出版社2013年版,第211页。
③ 《毛泽东文集》第二卷,人民出版社1993年版,第119页。

百分之九十的工农大众动员起来、组织起来。

延安物资十分匮乏，生活物资采取平均分配的"供给制"。但为照顾青年知识分子，在满足基本生活需要外，每月还发给他们较高的津贴补给。比如，著名学者何干之的待遇是每月 20 元津贴费，还配一名警卫员。同时期朱德总司令的每月津贴，也只有 5 元。

数万青年到达延安后，在这个革命大熔炉中勤奋学习、磨炼意志，逐步成长为具有坚定理想和革命意志的无产阶级战士，成为中国共产党抗战及夺取全国革命胜利的重要力量。仅以抗大为例，1938年开办的第四期、第五期，包含赴延安的知识青年分别有 4655 人、1.33 万人。

1938 年 8 月 5 日，毛泽东对抗大第四期毕业学员发表讲话，明确提出学员毕业后的三种出路：当学生、当教员、当指挥官。针对"当指挥官"，毛泽东强调指出：

> "现在在抗战，'游击战争'四个字，是制敌的一个锦囊妙计，要下决心到敌人后方去进行游击战争，你们大多数人要到前线当军事指挥官或政治指挥官。"①

针对有的知识青年不愿意留在边区当"教员"，毛泽东亲自做思想工作。告诉他们说，你们都是老母鸡，是抱鸡娃的，你们留在边区作的贡献不比上前线小。

奔赴延安的热血青年，逐渐融入以工农为革命主体的新环境中，逐步实现了知识分子与工农大众的结合。

---

① 参见《毛泽东年谱》中卷，人民出版社 2013 年版，第 87 页。

他们有的投笔从戎成为中国共产党领导的抗日武装力量的中坚分子,有的当了专职教员培育更多青年,有的到群众中访贫问苦进行积极的抗日宣传动员,还有的成长为戏剧表演家、革命音乐家、著名版画家。

他们高举爱国主义旗帜,对边区的政治、社会、经济特别是文化艺术事业的发展,对新中国的建立,都产生了十分积极的影响。

当时的延安,之所以成为进步青年心中的革命圣地,先进分子心中的民族希望之所在,是因为它的民主平等、团结进步、朝气奋发……当然最根本的,还是因为以毛泽东同志为主要代表的中国共产党人坚定的革命理想信念,以及由此焕发出的蓬勃生机和磅礴力量。

毛泽东用兵究竟"神"在哪里？

人们常常拿"用兵如神"这句话，来形容和赞颂毛泽东战争指导的艺术。那么，毛泽东用兵"神"在哪里呢？

"神"就在于他善于从不同历史时期的客观实际出发，从根本上阐明如何认识战争、依靠谁来进行战争和怎样进行战争这三个基本问题，不断思考并适时总结出一系列行之有效的战略战术，实现了战争指导革命性与科学性、先进性与适用性的高度统一。

没有预见就没有一切，科学预判打预见仗

高手下棋，谁能比对方多看几步，谁就有可能取胜。

毛泽东有着睿智的思维和敏锐的洞察力，善于透过现象抓住本质，估量时局形势，预见战争发展进程。他总是妙算于未发，决策于未始，防患于未然，适时提出作战指导的正确方针和办法。

毛泽东向来注重全面客观地分析和比较敌我力量，权衡利弊。他撰写的许多文电，往往一开始就对敌我双方的有利和不利、主动和被动等各项因素进行分析，进而把今天联结到明天、把局部联结到全体，反对走一步看一步。

井冈山斗争时期，毛泽东通过全面分析中国社会形态和阶级状况，剖析红色政权为什么能够长期存在并发展的主客观条件，找到了以农村包围城市、武装夺取政权的正确革命道路。

抗日战争初期，一度弥漫着"速胜论""亡国论"等错误观点。毛泽东通过对中日双方力量的科学分析和对比，得出了抗日战争是持久战、最后胜利是中国的正确结论。

1947年夏季，人民解放军从战略防御转入战略进攻。至年底，毛泽东对国共双方政治、军事、经济等方面的实际状况作具体分析，判断中国人民的革命战争到达了一个转折点，从而为加速解放战争进程提供了科学指引。

在解放战争即将取得全国胜利的前夕，毛泽东在党的七届二中全会上提出，随着国内主要矛盾即将出现的新变化，要实现党的工作重心由乡村转移到城市，并提出了一系列政治、经济、外交等方面重要政策，从而为建立新中国做好了充分准备。

我们可以看到，整个抗日战争和全国解放战争的进程，基本上就

是按照毛泽东的预见进行的。

善于抓住战略枢纽,总揽全局打关键仗

毛泽东善于从客观实际和全局出发寻找关节点,紧紧抓住战略枢纽推动战局发展,紧紧抓住主要矛盾推动矛盾转化,从而使我军由被动转为主动、由劣势转为优势。

在长期革命战争实践中,毛泽东深刻感到,战争胜负主要的和首先的问题,是对于全局和各阶段关照得好不好。如果全局和各阶段的关照有了重要的缺点或错误,那么战争是一定要失败的。

毛泽东用"一着不慎,满盘皆输"来形容这个问题的极端重要性,要求指挥员全局在胸,特别注意对事关全局的重要关节的准确把握,下好对全局有决定意义的一着。

他还精辟地指出,应当抓住战略枢纽去部署战役,抓住战役枢纽去部署战斗。

土地革命战争时期,毛泽东把战争指导的关注点放在中国革命道路的选择上,提出"工农武装割据"的思想,全国各地迅速掀起土地革命的风暴。

抗日战争中,毛泽东指挥我军打到敌后去创造了大小十几个解放区,形成敌后战场与正面战场相配合的战略布局。

解放战争中,毛泽东指挥刘邓野战军千里跃进大别山,从战略防御的内线打到外线,在敌人的腹地做下了战略之"眼",有效地扭转了战争攻防之势。

在后来的辽沈战役中,毛泽东通盘考量"首打锦州",有力地推动了战役进程,赢得了最终胜利。

立足于最坏情况，不打无准备、无把握之仗

毛泽东历来强调不打无准备、无把握之仗，打仗一定要有准备。越是复杂困难的形势下，他越是细致分析国内外形势、敌我友力量情况，换位思考分析对方会怎么想、怎么做。

毛泽东强调慎重初战。他认为初战的胜败对战争的全局影响极大，尤其对处于劣势或防御地位的军队更加重要。他虽然具有诗人的浪漫和写意，打仗时却十分强调没有胜利把握的仗不要打。不打则已，打就要取胜，出手就要胜利。

毛泽东特别强调，作战指导必须预计到最困难、最危险、最黑暗的各种可能情况，以此为出发点千方百计克服困难，就更加容易争取到光明与胜利。

他要求我军，凡行动不可只估计一种可能性，而要估计两种可能性。例如调动敌人，可能被调动，也可能不被调动；可能大部被调动，亦可能只有小部被调动。

毛泽东还特别重视对新对手的调研分析，摸清对方的底细。

例如，抗美援朝出兵前，我军从未与美军这样现代化的军队大规模交过手，对其作战能力也没有切身的认识。为此，毛泽东指示向正与美军作战的朝鲜人民军以及曾与美军合作过的原国民党军将领咨询情况，还多次派遣干部赴朝实地了解美军作战特点。

"不打无准备之仗、不打无把握之仗"，成为"十大军事原则"重要内容，也成为指导制胜战争的一条铁律。

战争是流血的政治，文武结合打政治仗

毛泽东植根中国革命战争实践，鲜明提出"战争是政治的继续"

"战争是流血的政治"等精辟论述,深刻揭示了战争与政治的本质联系。

在毛泽东看来,军事问题本质上无疑就是政治问题。没有政治斗争的配合,军事斗争是不可能取得完胜的,那种为战争而战争的单纯军事观点和把战争孤立起来的形而上学观点都是不对的。

他指挥打仗,历来就不是就打仗论打仗,而是强调军事斗争原则与政治斗争原则在实践中有机统一,强调在战役战斗中军事攻势和政治攻势要相结合。

毛泽东要求人民军队既是战斗队,又是工作队、生产队。原因在于,战争离不开全国人民的动员,离不开官兵一致、军民一致和瓦解敌军等项政治原则,离不开国际和国内统一战线政策的良好执行。

解放战争中,在政治攻势配合下,我军所接收的投诚、改编和起义的敌军多达177万余人,大大加快了解放战争胜利的进程。1949年的上海战役、1958年的炮击金门作战、1962年的中印边境反击作战,毛泽东"武戏"和"文戏"一起唱,打的都是政治军事仗。

毛泽东还善于以革命的两手对付反革命的两手,以打对打、以谈对谈,谈谈打打,针锋相对。

抗日战争胜利以后的国共重庆谈判,抗美援朝战争过程中的中美板门店谈判,都是在军事斗争的密切配合下进行,起到了教育人民、团结人民,揭露敌人、打击敌人的重要作用。

你打你的、我打我的,灵活机动打主动仗

"水因地而制行,兵因敌而制胜。"

战略战术的灵活运用,就是将战争的不确定性最大限度地给予敌人,给自己尽可能大的确定性,从而争取战争优势和主动权。

毛泽东是灵活机动、出奇制胜的战略大师。

他历来主张指挥打仗必须从实际出发,实事求是、因地制宜、审时度势,有什么武器打什么仗,对什么敌人打什么仗,在什么时间地点打什么时间地点的仗。

从革命战争全局出发,毛泽东先后提出过一系列灵活机动的军事原则,比如"打得赢就打,打不赢就走""你打你的,我打我的""防御中的进攻""持久中的速决""内线中的外线"等,充满了军事辩证法思想。

毛泽东要求各战略方向的指挥员,一方面要坚决执行中央的指示和命令,另一方面要充分发挥自主性,独立地及时处置实际情况。在他起草的文电中常常有这样的话:"以上是否适宜,请你们考虑提出意见""望酌情机断行之",等等。

毛泽东亲自指挥的四渡赤水一战,充分发挥红军高度机动灵活的长处,时而声东击西,时而将计就计,大踏步前进,大踏步后退,每一行动都是审时度势,坚定灵活、机断行事。

"你打你的、我打我的"这一整套趋利避害、灵活机动的战略战术,揭示了以劣势装备战胜优势装备之敌的战争指导规律、作战指导方法,把灵活机动的战略战术提高到崭新境界。

伤其十指不如断其一指,集中力量打歼灭战

毛泽东从上井冈山开始,就强调和注重打歼灭战。

他形象地说,对于人,伤其十指不如断其一指;对于敌,击溃其十个师不如歼灭其一个师。

十大军事原则明确指出,要以歼灭敌人有生力量为主要目标,不以保守或夺取城市和地方为主要目标;每战集中绝对优势兵力,四面

包围敌人,力求全歼,不使漏网。

在作战运用时,毛泽东又十分注意从战场实际出发,活用歼灭战的原则。

解放战争时期,他在《给敌以歼灭与给敌以歼灭性打击必须同时注重》和《采取于运动中半歼灭半击溃之作战方针》两篇文献中指出:在敌军分数路向我前进,每路相距不远,或分数路在我军前进方向施行防堵,每路亦相距不远之条件下,我军应当采取给敌以歼灭性打击的方针,以歼灭其一部,击溃其另一部为目标。处于内线作战时,也可采取于运动中半歼灭半击溃之作战方针。这是对歼灭战思想的重要补充和发展。

毛泽东还强调用"削萝卜"的办法来消灭敌人。在战略上处于劣势的情况下,可造成战役战斗上的优势,积小胜为大胜,从量变发展到质变。

解放战争中,头一年歼敌97个半旅,不仅粉碎了国民党军的全面进攻,而且使其重点进攻战略濒临破产。第二年又歼敌94个旅,迫使国民党军不得不将分区防御改为重点防御。从第三年的9月起,我军成功地进行了伟大的战略决战,歼灭国民党军正规军144个整师。

在抗美援朝战争中,志愿军虽能包围美军的整师、整团,却难以全歼被围之敌。毛泽东指示志愿军,要"零敲牛皮糖",多打小歼灭战。

强调集中兵力打歼灭战,着眼于消灭敌人的有生力量,这是改变敌强我弱的形势,实现以劣胜优的一个重要指导思想。

兵民是胜利之本,依靠人民打总体战

毛泽东的战争制胜之道,核心就是为了人民、赢得人民、依靠人民。

他始终认为,人民群众是社会历史的创造者,也是推动社会发展和历史进步的根本动力。他提出并实践了充分动员群众、组织群众和武装群众的基本原则,并把建设人民军队问题放在首位。

依靠广大人民群众进行革命战争,从根本上解决了战胜敌人的力量源泉问题。

毛泽东创新发展了人民战争理论。这包括,在敌人统治力量相对薄弱的农村建立巩固的革命根据地,实行工农武装割据和土地革命,走农村包围城市的道路;实行"三结合"的武装力量体制,使人民武装力量有广泛雄厚的群众基础和可靠的组织保障;进行普遍和深入的政治动员,调动人民群众参加革命战争的积极性和自觉性;联合一切可以联合的同盟军,共同对敌,从而最大限度地壮大革命力量;实行武装群众与非武装群众多条战线各个方面对敌斗争局面,陷敌于灭顶之灾的人民战争汪洋大海。

一个范例是,全面抗战开始后,毛泽东领导的人民武装迅速挺进敌后,开辟敌后战场,创建抗日根据地,在战略上配合正面友军作战,与人民群众同呼吸、共命运,铸就了人民战争的铜墙铁壁。

正如毛泽东所说,战争教育了人民,人民将赢得战争,赢得和平,又赢得进步。人民战争理论,科学地阐明了"兵民是胜利之本",深刻地揭示了人民群众中蕴藏的战争伟力。

反观毛泽东当年的对手蒋介石,代表的是军阀、官僚、买办阶级的利益,背叛人民、压迫人民、害怕人民,更不敢也不可能动员人民,最终不得不接受失败的命运。

毛泽东指挥打仗最得意的是哪一次？
最不满意的是哪一次？

毛泽东一生中运筹帷幄，成功指挥了数百次战役战斗，创造了独特的战争艺术和军事思想。

在谈到打仗问题时，伟人十分认真而又谦虚。

对于自己指挥的这些战争，毛泽东虽然没有每一场都详细地回忆过，但曾清晰地表明了相关评价，从中不难得知他心目中对这些战争的满意度。

四渡赤水是毛泽东一生的"得意之笔"

四渡赤水,堪称毛泽东指挥打仗最得意的一次。

> "横断山,路难行。天如火来水似银！亲人送水来解渴,军民鱼水一家人。横断山,路难行。敌重兵,压黔境。战士双脚走天下,四渡赤水出奇兵。乌江天险重飞渡,兵临贵阳逼昆明。敌人弃甲丢烟枪,我军乘胜赶路程。调虎离山袭金沙,毛主席用兵真如神。"[1]

这是 20 世纪 60 年代,萧华为纪念红军长征胜利 30 周年而创作的一首诗,生动地展现了毛泽东领导四渡赤水的经过。

四渡赤水发生在 1935 年。

当时,国民党军队出动几十万人,从空中和陆地上对中央红军围追堵截,意图将红军围歼于川黔滇边地区。3 万多红军将士长途跋涉、饱经苦战,刚刚经历了壮烈的湘江血战,面对装备精良的国民党军队和极其恶劣的自然条件,几乎被逼入绝境。

1935 年 1 月 15 日至 17 日,遵义会议召开,党和红军迎来了伟大的历史转折。这次会议,增选毛泽东为中央政治局常委,取消了长征前成立的"三人团"。3 月中旬,中央政治局决定,由毛泽东、周恩来、王稼祥组成新的三人小组,全权负责军事指挥。

在党的历史上生死攸关的转折点召开的遵义会议,事实上确立了毛泽东在党中央和红军的领导地位,在极其危急的情况下,挽救了

---

[1] 四渡赤水纪念馆、四渡赤水研究中心编:《四渡赤水战役亲历记》,中央文献出版社 2010 年版,第 200 页。

党、挽救了红军、挽救了中国革命。

在那时,中央红军前有川系军阀等重兵截堵,后有黔系湘系军阀等大量追兵,左右方向还有国民党薛岳部等急欲实施夹袭,革命斗争环境异常艰难复杂。

从地形上看,遵义城东面是乌江,西面是赤水河,北面是长江,南面虽有出口但也无险可凭。这一地区常年兵荒马乱,红军在这里筹措补给粮食十分困难。

根据遵义会议决定,中央红军准备北渡长江会合红四方面军,到川西北地区创建根据地。但由于敌情变化,毛泽东指挥红军开始了四渡赤水的迂回穿插转战过程。

一渡赤水,追敌隔岸多兴叹。

1935 年 1 月下旬,红军按照作战命令,分 3 路向赤水河方向急速前进,到达土城一带时,准备继续前进北渡长江。然而,阻敌已先于红军一步进入赤水县城,后面追敌接着紧逼而来。

毛泽东主张在此打一仗,消灭掉追击之敌。28 日晨,红军在土城与前来拦截的国民党军开展了激烈战斗,由于敌情不明以及地形不利,这场恶仗持续了一天。

在增援敌人源源赶来的情况下,为避免不利后果,毛泽东当机立断,放弃北渡长江计划,指挥红军撤出战斗,挥师西渡赤水河。至 29 日晨,红军分别从元厚、土城渡口过了赤水河,开进到川南古蔺一带。

二渡赤水,打胜顽敌创佳绩。

2 月上旬,中央红军为摆脱追敌,在扎西集中休整并进行了整编。共编为 16 个团,同时扩红 3000 余人,进一步加强了部队战斗力量。

此时,国民党军的"追剿"主力已进入川南,红军又面临着被夹击之势,而黔北地区的敌军兵力较为空虚。毛泽东迅速抓住有利战机,决定回师东进,指挥红军于2月中下旬再渡赤水,从太平渡、二龙滩渡过赤水河。

二渡赤水的红军,立即开向桐梓地区,向娄山关发起猛烈攻击,并占领了娄山关。28日,红军再次夺回了遵义城。

在短短几天时间里,红军毙伤敌2000多人、俘敌3000多人,缴获大批军用物资,取得第五次反"围剿"以来的第一次重大胜利,极大地鼓舞了红军将士。

红军攻下娄山关后,毛泽东文思泉涌,写下了传世佳作《忆秦娥·娄山关》。词中豪迈地写道,"雄关漫道真如铁,而今迈步从头越"。

三渡赤水,茅台镇上护工农。

遵义大捷后,红军凭借灵活机动的运动战术,再次跳出敌军的包围圈,掌握了战争主动权。

此时,蒋介石不甘心失败,亲自飞抵重庆,坐镇指挥作战,策划部署对红军新的包围圈,妄图围歼红军于遵义地区。毛泽东指挥红军部队在遵义地区频频机动作战,不断寻机歼敌。

3月10日,有人提出进攻打鼓新场的建议,红军指挥员们围绕这一建议激烈争论了一天。

这天深夜,毛泽东怀着对中国革命安危和红军前途命运的强烈责任感,提着马灯走崎岖的山路到了周恩来住处,两人就放弃进攻打鼓新场达成了一致。在此后召开的会议上,大家接受了放弃进攻打鼓新场的建议,使处于弱势的红军免遭了一次可能的重大挫折。

随后,面对汹涌而来的国民党军进逼,毛泽东果断决定向川西南急进,指挥红军跳出敌人重围,以寻求新的作战时机。16日,中央红军到达茅台镇,除了没收地主老财的大酒厂外,红军细致地做好群众工作,在普通老百姓的酒厂门口贴上布告,提出了保护措施和要求。

至 18 日晨,中央红军第三次安全地渡过了赤水河。

四渡赤水,再写用兵新传奇。

第三次渡过赤水后的红军再入川南,摆出了北渡过江的架势。

国民党军以为红军会再次北渡长江。蒋介石等人也对此深信不疑,急调各路重兵向川南聚集防堵,企图再一次围歼红军。

在敌军重兵包围之下,毛泽东作出了四渡赤水的决定。

他率领红军折返向东,经过二郎滩、太平渡等渡口,于 3 月 22 日迅速渡过赤水河,乘机南渡乌江,巧妙地从敌人的包围圈里跳了出来。

"只要能将滇军调出来,就是胜利。"①毛泽东指挥中央红军,采取调虎离山等战术,先是威逼贵阳城,而后直插云南,待金沙江的守敌空虚之时,于 5 月上旬在皎平渡顺利渡过金沙江。

至此,中央红军彻底摆脱了几十万国民党军队的围追堵截,将追敌甩在了金沙江以南,实现了渡江北上的战略意图,取得战略转移中具有决定意义的重大胜利。

"红军不怕远征难,万水千山只等闲。"

中央红军在毛泽东率领下,与敌人斗智斗勇,以声东击西、避实就虚、纵横穿插等战术,四次渡过赤水河,成功跳出数十倍敌人的包围圈,演绎了精彩神奇的战争活剧。

---

① 《刘伯承军事文选》(三),军事科学出版社 2012 年版,第 490 页。

四渡赤水,是遵义会议确立毛泽东在党中央和红军的领导地位后,他指挥的第一个重大战役行动,充分显示了毛泽东高超的军事指挥艺术。

刘伯承在《回顾长征》中写道:"遵义会议以后,我军一反以前的情况,好像忽然获得了新的生命,迂回曲折,穿插于敌人之间……处处主动,生龙活虎,左右敌人。我军一动,敌又须重摆阵势……弄得敌人扑朔迷离,处处挨打,疲于奔命。"①

2015年6月16日,习近平总书记看了"四渡赤水"多媒体演示片后,连声称赞毛主席用兵如神! 真是运动战的典范。

对于高兴圩战斗这一类的"败仗",毛泽东始终念念不忘

毛泽东的卓越军事指挥才能举世公认。

然而,1956年9月10日,毛泽东在中国共产党第八次全国代表大会预备会议第二次全体会议上说:"我是犯过错误的。比如打仗,高兴圩打了败仗,那是我指挥的;南雄打了败仗,是我指挥的;长征时候的土城战役是我指挥的,茅台那次打仗也是我指挥的。"②

1958年7月22日,他在会见苏联驻华大使尤金时也谈道:"我自己也犯过错误,由于我的过错,在战争中也打过败仗,比如长沙、土城等四次战役。"③

那么,毛泽东说的这些败仗,究竟是怎么回事?

"高兴圩打了败仗",是指1931年9月红一方面军向高兴圩之

---

① 《刘伯承军事文选》(三),军事科学出版社2012年版,第490页。
② 《毛泽东文集》第七卷,人民出版社1999年版,第106页。
③ 《建国以来毛泽东军事文稿》中卷,军事科学出版社、中央文献出版社2010年版,第404页。

敌的一次战斗。

那是红军第二次反"围剿"胜利不久，蒋介石担任"围剿"军总司令，准备对红军发动第三次"围剿"。国民党军调集 30 万人，何应钦任前线总司令，指挥部驻在南昌，企图在赣江一带消灭红军。红军在苦战之后尚未休息，也没有补充人员，仅 3 万人左右。

面对蒋介石反动派的逼迫，红军主力绕道千里，回师赣南根据地西部的兴国集中。当红军到达高兴圩地区时，连续数天打了多场胜仗，打破了敌人的第三次"围剿"，取得歼敌 3 万余人、俘敌 1.8 万余人，缴获大量枪支弹药和其他武器装备的战果。

虽然毛泽东指挥红军在高兴圩打了胜仗，但这不是他所期待的歼灭战。

南雄、水口战役则发生在 1932 年 7 月上旬。

当时，我赣南根据地受到粤敌的严重威胁，红一方面军各部先后回师赣南的信丰西南和大余西北地区。敌人的粤军、蒋军、湘军等各部配合向大余一带重兵集结，企图趁红军尚未立稳之际逐个消灭。

毛泽东等红一方面军首长决定，集中红军主要力量在运动中于南雄附近消灭粤敌。7 月初，就在红三军团、红一军团一部相继进行池江、梅岭战斗期间，粤军的三个师向南雄集中，企图夹击我红军主力。

7 月 8 日，红一方面军决定集中 3 个军团的力量，以消灭南雄和乌迳的粤军。8 日凌晨，红五军团向乌迳开进途中发现敌人向南雄方向逃窜，于是改向水口方向堵击敌人，并很快击溃敌人两个团，敌人退守至水口圩附近的高地。

9 日，粤军 6 个团的增援部队陆续抵达水口，而我军未能及时察觉这一重大敌情变化。红五军团仍按原来的作战计划进行，而敌人以优势兵力向红军猛扑,激烈交战中红军伤亡很大。后来,随着红一军团、红三军团等部队增援到来,终将敌人全部击溃,挫败了敌人的"进剿"行动。

南雄、水口战役打击了敌人的嚣张气焰,但由于我军没有及时掌握敌情变化,以致未能歼灭敌军。

聂荣臻回忆说:"水口战役是著名的恶仗。双方伤亡之大,战场景象之惨烈,为第二次国内革命战争时期所罕见。"①

1936 年 12 月,毛泽东在撰写的《中国革命战争的战略问题》中,曾系统说明了有关中国革命战争战略方面的问题。对于高兴圩、水口战役等仗,毛泽东讲道:

> "像水口圩和团村这一类的仗,本来一般算作胜仗,而且还算作大胜仗的……然而我们历来就不欢迎这种胜仗,在某种意义上简直还可以说它是败仗。因为没有缴获或者缴获不超过消耗,在我们看来是很少意义的。我们的战略是'以一当十',我们的战术是'以十当一',这是我们制胜敌人的根本法则之一。"②

毛泽东进一步指出,因为"击溃战,对于雄厚之敌不是基本上决定胜负的东西。歼灭战,则对任何敌人都立即起了重大的影响"③。

他主张,实行歼灭战,需要集中优势兵力,采取以运动作战为主的方式,及时抓住有利战机,"集结大力打敌一部",各个歼灭敌人有

---

① 《聂荣臻元帅回忆录》,解放军出版社 2005 年版,第 125 页。
② 《毛泽东选集》第一卷,人民出版社 1991 年版,第 225 页。
③ 《毛泽东选集》第一卷,人民出版社 1991 年版,第 237 页。

生力量。

由此可见，毛泽东反对打成像高兴圩战斗这一类的仗，是因为它们违背了我军要打歼灭战的基本原则。在敌我力量对比悬殊的情况下，只有打歼灭战，我军才可能逐渐扭转力量对比上的差距。否则，"吃了兵力不集中的亏"，就不能大量地歼灭敌人。

后来解放战争的事实也证明，我军正是通过一个又一个歼灭战，消灭了国民党反动派的数百万军队，最终迎来了革命战争的胜利。

正如毛泽东曾指出的，"我们不能要求事实上的常胜将军，这是从古以来就很少的"，"从战争学习战争——这是我们的主要方法"①。战争充满了不确定性，经历了战斗的挫折，能够使我们更加深刻地总结经验和教训，做到吃一堑长一智。

人民军队也正是从战争中学习战争，在学习和创新实践中逐步强大起来，不断从胜利走向了新的胜利。

---

① 《毛泽东选集》第一卷，人民出版社1991年版，第178、181页。

毛泽东是如何运筹指挥抗美援朝战争的？

70多年前,中国人民志愿军雄赳赳、气昂昂,跨过鸭绿江,高举保卫和平、反抗侵略的正义旗帜,同朝鲜人民和军队一道,历经舍生忘死的浴血奋战,赢得了抗美援朝战争的伟大胜利。

正如习近平总书记所指出的,这一战,拼来了山河无恙、家国安宁,充分展示了中国人民不畏强暴的钢铁意志!让全世界对中国刮目相看,充分展示了中国人民维护世界和平的坚定决心!

回顾这场伟大的抗美援朝战争,毛泽东

的军事指导艺术,在战略准备、战略决策、战场指导和战局控制等方面,均有充分的展示和发挥。

未雨绸缪——毛泽东料敌为先的英明决策

1950 年 6 月,正当全国人民按照毛泽东和党中央制定的方针政策热火朝天地开展建设时,一场不期而遇的战争打断了新中国的建设进程。

6 月 25 日,朝鲜内战爆发。随后,美国立即决定对朝鲜实行武装干涉,并将干涉范围扩大到朝鲜以外的亚洲地区,宣布"台湾中立化"并命令第七舰队侵入台湾海峡,阻挠我国统一进程。

对于美国的侵略行径,新中国立即作出强烈反应。

6 月 28 日,毛泽东在中央人民政府委员会第八次会议上指出:"全国和全世界的人民团结起来,进行充分的准备,打败美帝国主义的任何挑衅。"[①]次日,这篇讲话公开发表在《人民日报》上。

6 月 30 日,中共中央又正式传达新方针:我国的态度是,谴责美国侵略台湾,干涉中国内政;我们军队的打算是,陆军继续复员,加强海空军建设,打台湾的时间往后推延。

然而,美国对中国的警告置若罔闻,他们觉得新中国只是在"装样子"。7 月 7 日,美国操纵联合国安理会通过决议,成立由美国指挥的"统一司令部",组织"联合国军"开入朝鲜半岛作战。

凡事预则立,不预则废。毛泽东等中共中央领导人冷静分析国际国内形势,全面权衡各种利弊,在朝鲜内战爆发一周内即决定调整国防部署,将军事斗争准备的重点由东南沿海地区调整为东北边防。

---

① 《建国以来毛泽东军事文稿》上卷,军事科学出版社、中央文献出版社 2010 年版,第 154 页。

7月7日、10日,中央军委根据毛泽东提议,由周恩来主持召开了两次会议,研究保卫国防、组建东北边防军问题。13日,中央军委作出了《关于保卫东北边防的决定》,决定立即组建东北边防军。毛泽东当天批示:"同意,照此执行。"①

随即,中央军委组建东北边防军,包括战略预备队第13兵团(下辖第38、第39、第40军)以及已在东北的第42军和3个炮兵师共26万人,并在鸭绿江附近地域集结训练。9月6日,又将第50军编入东北边防军。

组建东北边防军之时,正是朝鲜人民军进展顺利之际。对此,有人持怀疑:还有没有必要做入朝支援作战的准备?

毛泽东分析朝鲜战局,认为有强大经济军事实力的美国绝不会轻易认输,并且判断美军有在仁川登陆的危险。

8月4日,毛泽东在中共中央政治局会议上指出:如果美帝得胜,就会得意,就会威胁我国。对朝鲜不能不帮,必须帮助,用志愿军的形式,时机当然还要适当选择,我们不能不有所准备。

8月5日,毛泽东致电东北军区司令员兼政治委员高岗,要求东北边防军在月内完成一切准备工作,准备9月上旬能作战。8月18日,又致电高岗,要边防军务必在9月30日以前完成一切准备工作。随后,根据代总参谋长聂荣臻的建议,决定将第9兵团和第19兵团分别调到便于机动的津浦、陇海铁路沿线地区,作为边防军二线部队以为未雨绸缪之计。

8月26日,周恩来主持召开国防会议,专题检查和督促东北边防军作战准备工作,并指出:"一切都要准备好,不要成为'临急应

---

① 《建国以来毛泽东军事文稿》上卷,军事科学出版社、中央文献出版社2010年版,第158页。

战'，而要有充分准备，出手就胜。"①

9月5日，毛泽东在中央人民政府委员会第九次会议上指出："我们中国人民是打惯了仗的，我们的愿望是不要打仗，但你一定要打，就只好让你打。你打你的，我打我的，你打原子弹，我打手榴弹，抓住你的弱点，跟着你打，最后打败你。"②

这表明，毛泽东已经做了最坏的准备，在迫不得已的情况下，要同美国这个不可一世的强国直接较量。

现在回想一下，假如党中央不从最坏结局设想，提前组建东北边防军，待朝鲜战局恶化再临时准备，那么想出兵也来不及了！可以说，组建东北边防军是战前准备的最关键一环，是一个具有远见的战略决策，避免了临急被动应战的局面，并使中国人民志愿军一出手就连连取胜。

时隔数年，毛泽东在讲起这件事的时候说：战争开始后，我们先调去三个军，后来又增加了两个军，总共有五个军，摆在鸭绿江边。所以，到后来当帝国主义过三八线后，我们才有可能出兵。否则，毫无准备，敌人很快就要过来了。

毛泽东之后还惋惜地表示："可惜那时候只有五个军，那五个军火力也不强，应该有七个军就好了。"③

出兵援朝——毛泽东艰难曲折的重大抉择

胡乔木曾回忆：他在毛泽东身边工作20多年，记得有两件事是

---

① 《周恩来军事文选》第四卷，人民出版社1997年版，第45页。
② 《建国以来毛泽东军事文稿》上卷，军事科学出版社、中央文献出版社2010年版，第202页。
③ 《建国以来毛泽东军事文稿》下卷，军事科学出版社、中央文献出版社2010年版，第372页。

毛泽东很难下决心的。其中一件事,就是 1950 年派志愿军入朝作战。

那么,中国到底出不出兵呢?

对此,毛泽东有一个"底线",这就是美军过不过三八线。美帝国主义如果干涉,不过三八线,我们不管;如果过了三八线,我们一定过去打。

7月中旬、下旬和 9 月上旬,中国政府三次告诉朝鲜同志,要他们注意敌人有从海上向仁川、汉城前进切断人民军后路的危险,人民军应当作充分准备,适时地向北面撤退,保存主力,从长期战争中争取胜利。

9 月 15 日,美军在仁川登陆,28 日占领汉城,切断朝鲜人民军后路,并且有越过三八线的动向。朝鲜战局发生了逆转。

针对美军即将越过三八线,党中央迅速向国际社会表明中国的立场和态度。9 月 30 日,周恩来向全世界宣告:中国人民绝不能容忍外国的侵略,也不能听任帝国主义者对自己的邻人肆行侵略而置之不理。

10 月 3 日,周恩来紧急约见印度驻华大使潘尼迦,指出对于美军企图越过三八线扩大战争问题,"我们不能坐视不顾,我们要管"①,再次向美国当局发出严正警告。

然而,美国当局把中国政府的多次警告,视为虚张声势,认为只要苏联不采取军事行动,中国就不具备单独进行干涉的能力。10 月 7 日,美军大举越过三八线,迅速向中朝边境推进。

10 月 1 日,新中国第一个国庆节。朝鲜劳动党和政府关于中国

---

① 《周恩来军事文选》第四卷,人民出版社 1997 年版,第 66 页。

出兵给予援助的请求传到了北京，斯大林关于建议中国组成志愿军援助朝鲜的电报也发到了北京。

尽管毛泽东对出兵朝鲜有思想准备，但要让刚从战火中获得新生的人民共和国再次面临血与火的考验，同美国一决雌雄，这对以毛泽东同志为核心的中共中央来说，是一个十分艰难的抉择。

毕竟，一个是刚从战火中获得新生的人民共和国，一穷二白，百废待兴；一个是世界头号帝国主义，经济实力、军事实力雄厚。比如，1950 年美国 GDP 为 2800 亿美元，中国仅为 100 亿美元；美国的钢铁产量是 8772 万吨，而中国钢铁产量仅为 60 万吨。

除此之外，美国还拥有原子弹和世界上最先进的武器装备，具有最强的军工生产能力。

敌我力量如此悬殊，出兵参战能不能打赢、会不会"引火烧身""惹祸上门"？这些都是必须严肃考虑的重大问题。

军情紧急，压力巨大，决策异常艰难。

10 月 2 日，毛泽东主持召开中共中央书记处会议，讨论朝鲜半岛局势和中国出兵问题。在这次会议上，多数人不赞成出兵。

10 月 4 日、5 日，毛泽东在中南海颐年堂主持召开中央政治局扩大会议，继续讨论出兵问题。与会者各抒己见，多数人不赞成出兵，或者对出兵存有种种疑虑。

会议正在进行期间，彭德怀从西北赶到会场，因事先不知道议题就没有发言。这天晚上，彭德怀一夜无眠。

5 日上午，受毛泽东委托，邓小平将彭德怀从北京饭店接到了中南海。毛泽东同彭德怀进行了一次推心置腹的谈话。彭德怀表示拥护出兵援朝的决策。

当日下午，在别人发言后，彭德怀讲述了自己的观点。他说：出兵援朝是必要的。打烂了，最多就等于解放战争晚胜利几年。如让美军摆在鸭绿江岸和台湾，它要发动侵略战争，随时都可以找到借口。①

对此，毛泽东考虑得更为深远。他说，如果我们对朝鲜问题置之不理，美国必然得寸进尺，走日本侵略中国的老路，甚至比日本搞得还凶。它要把三把尖刀插在中国的身上：从朝鲜一把刀插在我国的头上，从中国台湾一把刀插在我国的腰上，从越南一把刀插在我国的脚下。天下有变，它就从三个方向向我们进攻，那我们就被动了。

10月8日，毛泽东以中国人民革命军事委员会主席名义签署了组成中国人民志愿军的命令，命令东北边防军改为中国人民志愿军，迅即向朝鲜境内出动，协同朝鲜同志向侵略者作战。

同一天，周恩来和林彪代表中共中央秘密赶赴莫斯科，同斯大林商谈抗美援朝和苏联给予军事物资支援以及提供空军掩护等问题。双方谈得并不顺利，斯大林违背了苏联将尽力为中国人民志愿军"提供空中掩护"的诺言。

鉴于苏联的态度突然发生变化，毛泽东三天三夜没有睡觉。

他香烟一支接着一支地吸，脑子里似翻江倒海，认为需要与中央领导同志继续讨论再作定夺。

抗美援朝决策一波三折。

10月11日，毛泽东致电彭德怀、高岗，要求10月9日命令暂不实行，十三兵团各部仍旧原地进行训练，不要出动。

10月13日，毛泽东与彭德怀等政治局委员再一次研究出兵问题，认为即使苏联不出空军支援，在美军越过三八线大举北进的情况

---

① 参见《彭德怀年谱》，人民出版社1998年版，第441页。

下,仍然出兵援朝不变。

同时,把这个决定电告仍在苏联的周恩来:"我们不出兵让敌人压至鸭绿江边,国内国际反动气焰增高,则对各方都不利,首先是对东北更不利,整个东北边防军将被吸住,南满电力将被控制","总之,我们认为应当参战,必须参战。参战利益极大,不参战损害极大"。①

10月16日,彭德怀组织召开了师以上干部大会,宣布中央决定,布置入朝行动。中国人民志愿军如利箭在弦,只待一声令下即入朝作战。

然而,作为最高决策者的毛泽东,这时更加冷静而周密地进行思考和部署入朝诸事,以做到出兵万无一失。

17日下午,毛泽东致电彭德怀、高岗:对出兵时间,以待周(恩来)18日回京向中央报告后确定为宜。

18日,毛泽东主持召开中央会议,在听取周恩来、彭德怀汇报后,向中国人民志愿军下达入朝作战的正式命令。

19日,中国人民志愿军在司令员兼政治委员彭德怀的率领下开赴朝鲜,开始了伟大的"抗美援朝、保家卫国"战争。

从10月1日晚金日成请求中国出兵,到19日晚中国人民志愿军跨过鸭绿江,仅仅用了18天。面对如此强大的敌人,在如此短的时间内对世界大势作出正确分析和判断,在复杂多变情况下迅速作出决断并付诸实施,这充分反映了毛泽东无比的胆略和气魄。

正如周恩来所说:毛泽东下这个伟大的决心,是根据科学的预见、实际的分析。彭德怀也曾评价:这个决心不容易定下,这不仅要

① 《建国以来毛泽东军事文稿》上卷,军事科学出版社、中央文献出版社2010年版,第252、253页。

有非凡的胆略和魄力,最主要的是具有对复杂事物的卓越洞察力和判断力。

历史进程证明了毛泽东的英明和正确。

制胜之道——毛泽东运筹帷幄的高超艺术

慎重初战,向来是我军战略战术的基本原则。

初战必胜,对出国作战的志愿军尤为重要,这决定着志愿军入朝后能不能站得住脚。

抗美援朝战争与以往历次革命战争的区别,就是我们对敌人在兵力上始终占优势,但是装备上敌优我劣的悬殊,超过以往历次战争。敌我力量十分悬殊,仗怎么打?

根据这场战争的新情况、新特点,毛泽东的最初设想是:先打一个时期的防御战,待6个月后志愿军装备训练完毕了,再进行战略反攻,歼灭联合国军。

然而,志愿军渡江后,情况发生了很大变化。敌军分东西两路大举北进,推进速度非常快,直逼中朝边境。根据战场形势变化,以及联合国军装备和作战特点,毛泽东调整为在运动中各个歼灭敌人的方针。

10月21日,毛泽东致电彭德怀下达第一次战役作战部署:"美伪均未料到我志愿军会参战,故敢于分散为东西两路,放胆前进",所以"此次是歼灭伪军三几个师争取出国第一个胜仗,开始转变朝鲜战局的极好机会"。①

10月23日,毛泽东又在复彭德怀的电报中指出:"我们应在稳

---

① 《建国以来毛泽东军事文稿》上卷,军事科学出版社、中央文献出版社2010年版,第268页。

当可靠的基础上争取一切可能的胜利。"①

这一系列战略战役指导思想,对于志愿军取得第一次乃至以后几次战役胜利,具有重要的意义。

10月25日,第40军118师以拦头、截尾、斩腰的战术歼灭南朝鲜军一个营,打响了震惊世界的抗美援朝战争第一仗,拉开了抗美援朝战争的序幕。

志愿军突然出现在朝鲜战场上,令美国决策当局和在东京的麦克阿瑟大吃一惊。但他们仍错误地低估中国人民反抗侵略的决心和力量,认为中国不敢也没有能力与美国较量,即使出兵也不过是为保卫边防安全和中朝边界的电力设备。

针对美方战略上的错误判断和恃强骄傲心理,毛泽东、彭德决定采取诱敌深入、集中优势兵力各个歼灭的方针,将战线推至平壤、元山一线,以德川、球场、宁边以北以西区域为后方,使志愿军站稳脚跟,以利于坚持长期作战。

1950年11月25日至12月24日,志愿军进行了第二次战役。这次战役的特点,是一次极其成功的迂回穿插和正面进攻相结合的运动进攻战,胜利的成果甚至超过原先的预想,不但收复了平壤,还使敌军败退了400公里。

美国《纽约先驱论坛报》报道称,"这是美国陆军史上最大的败绩"。

历经两次战役,我军伤亡较重、官兵相当疲劳,加之后勤供应不足,部队急需休整补充。因此,第二次战役结束后,志愿军按照原定

---

① 《建国以来毛泽东军事文稿》上卷,军事科学出版社、中央文献出版社2010年版,第279页。

计划转入休整,同时准备来年春季新的反击。

然而,1950 年 12 月 14 日,美国操纵联合国非法通过成立"朝鲜停战三人委员会"决议,要求"立即停火"。对此,毛泽东认为:

> "目前美、英各国正要求我军停止于三八线以北,以利其整军再战。因此,我军必须越过三八线。如到三八线以北即停止,将给政治上以很大的不利。"①

12 月 31 日,志愿军克服重重困难,发起了第三次战役。可以说,这次战役发起的时机,是毛泽东统观敌我态势和时局而定的。

1951 年 1 月 25 日,"联合国军"乘志愿军连续作战、极度疲劳、运输线延长、补给困难之机,集结兵力 23 万余人,以大量飞机、坦克、火炮支援,在 200 公里宽的战线上发起全线反扑。中朝军队开始进行带有积极防御性质的第四次战役。

经过连续三次战役,志愿军大量减员,要完成第四次战役任务困难很大。怎么办?

2 月 7 日,中央军委根据毛泽东的意见,决定实行轮番作战的方针。

经过第一、二、三次战役的战略进攻和第四次战役的积极防御,毛泽东对朝鲜战争规律的认识进一步深化。

2 月 21 日,彭德怀回国向毛泽东详细汇报了前线情况。毛泽东经过认真思考,向彭德怀提出:"朝鲜战争能速胜则速胜,不能速胜

---

① 《建国以来毛泽东军事文稿》上卷,军事科学出版社、中央文献出版社 2010 年版,第 408 页。

则缓胜,不要急于求成。"①随即,抗美援朝战争总的指导方针调整为"战争准备长期,尽量争取短期"。

第四次战役期间,"联合国军"企图从侧后登陆配合正面进攻,将战线推进至平壤、元山一线,为其尔后进行政治谈判,或继续军事进攻占据有利地位。为粉碎敌人这一计划,夺取战争主动权,志愿军在第二番部队到达前线完成展开后,于4月22日黄昏发起了第五次战役。

由于敌我双方武器装备优劣极为悬殊,志愿军虽多次对美军一个团左右的兵力进行包围,但始终未能成建制地消灭过。这引起了毛泽东的注意。

通过总结志愿军入朝作战以来的经验,毛泽东在1951年5月26日致电彭德怀时指出:

"历次战役证明我军实行战略或战役性的大迂回,一次包围美军几个师,或一个整师,甚至一个整团,都难达到歼灭任务。这是因为美军在现时还有颇强的战斗意志和自信心。为了打落敌人的这种自信心以达最后大围歼的目的,似宜每次作战野心不要太大,只要求我军每一个军在一次作战中,歼灭美、英、土军一个整营,至多两个整营,也就够了。……打伪军可以实行战略或战役的大包围,打美英军则在几个月内还不要实行这种大包围,只实行战术的小包围,即每军每次只精心选择敌军一个营或略多一点为对象而全部地包围歼灭之。"②

---

① 《毛泽东年谱》(1949—1976)第一卷,中央文献出版社2013年版,第305页。
② 《建国以来毛泽东军事文稿》上卷,军事科学出版社、中央文献出版社2010年版,第490页。

5月27日，毛泽东在接见邓华、解方等人时，又用湖南人习惯的食品牛皮糖来比喻这种作战方式，即大块糖需要一块块敲下来吃。此后，"零敲牛皮糖"就成为打小歼灭战的代称。这进一步创造和发展了毛泽东关于打歼灭战的思想。

6月10日，第五次战役结束，双方战线稳定在三八线附近地区。从此，朝鲜战争进入相持阶段。

打谈结合——毛泽东控制战局的绝妙之笔

抗美援朝战争是一场国际性局部战争，但战场范围始终在朝鲜境内，既未因此引发世界大战，也未将战争扩大到朝鲜以外。这除了与美国的全球战略有关，还与毛泽东巧妙地抓住时机控制战局有关。

朝鲜战争形成僵局后，美国感到自己深陷于一场打不赢的战争中。1951年5月，美国国家安全委员会向杜鲁门提出争取谈判解决朝鲜问题的建议。杜鲁门很快批准了这个建议。

从我们自身来看，这场战争基本上达到了保家卫国和援救邻邦的目的。迫使敌人尽快以妥协方式结束战争，对我们也是有利的，可以集中力量用于经济建设。

面对美国主动伸过来的和平谈判橄榄枝，毛泽东敏锐地把握住这个机会。他与朝鲜领导人金日成商谈即将到来的停战谈判方针和方案，做好停战谈判的各项准备工作。

美国虽然被迫谋求和谈，但仍表现出侵略者狂傲的姿态。

对他们来说，谈判不意味着立即休战，在停战协定签订以前仍不肯停止对抗行动。美国政府还授权李奇微，在停战谈判期间，可以进行陆地、两栖、空中、空降和海上作战，以支持谈判。

对此，毛泽东非常清醒地认识到，要同美国谈判实现朝鲜半岛和平,没有强大的实力支撑是不可行的。这样,毛泽东面临军事和政治两条战线,一个是打,一个是谈。

根据形势变化,6月中旬毛泽东提出一个新的指导方针:充分准备持久作战和争取和谈,达到结束战争。在军事上则确定了"持久作战、积极防御"和作战"与谈判的要求相配合、相适应"的方针,即边打边谈。

这一指导方针,对即将到来的长达两年之久的军事斗争和政治斗争交错、边打边谈、又谈又打局面下,我牢牢掌握主动权,具有至关重要的意义。

对于停战谈判,毛泽东投入了大量精力,亲自起草朝中方面致"联合国军"总司令李奇微的多次复函,审阅修改有关谈判接洽准备情况的新闻稿,草拟朝中方面关于停战协定的草案等。他还关照诸如谈判会议场所、代表团宿舍布置、各种用具设备食品准备,以及我方代表团成员到达谈判地点的具体时间等,不给对方任何可乘之机和可以利用的借口。

朝鲜停战谈判是艰难的,是一场旷日持久的马拉松式谈判。

谈判之初,本来就没有多少诚意的美方代表团,不但坚决拒绝朝中方面提出的合理建议,而且狂妄地炫耀其海空军"优势"。在其无理要求被我们拒绝后,还公然以武力相要挟,声称"那就让炸弹、大炮和机关枪去辩论吧"。

从1951年8月开始,"联合国军"先后向中朝军队连续发起夏季攻势、秋季攻势,在我后方实施大规模"绞杀战",但都被我们粉碎了。美方代表团在谈判桌上没有得到的东西,在战场上同样未能得到,被迫于10月25日又回到谈判桌上来。

在后续谈判过程中,朝中方面的每一项提案,几乎都要遭到美方代表的反对。双方在谈判桌上的唇枪舌剑,不亚于战场上的刀光剑影。一旦谈不下去了,双方又会选择在战场上掰手腕。

谈谈打打,打打谈谈,双方的较量在谈判桌和战场上来回切换。

为促进停战谈判,加大敌人损伤,逼迫敌人最后让步,志愿军在1951年10月底至11月底举行了局部战术反击,1952年1月底起广泛开展"冷枪冷炮运动",1952年9月18日至10月31日发起全线性战术反击作战,等等。通过巧妙灵活使用谈与打、政治斗争和军事斗争这两手,毛泽东牢牢掌握抗美援朝斗争的主动权。

1953年2月,针对美国军事冒险行动又有新升级的动向,毛泽东在全国政协一届四次会议上说:"我们是要和平的,但是,只要美帝国主义一天不放弃它那种横蛮无理的要求和扩大侵略的阴谋,中国人民的决心就是只有同朝鲜人民一起,一直战斗下去。这不是因为我们好战,我们愿意立即停战,剩下的问题待将来去解决。但美帝国主义不愿意这样做,那么好吧,就打下去,美帝国主义愿意打多少年,我们也就准备跟它打多少年,一直打到美帝国主义愿意罢手的时候为止,一直打到中朝人民完全胜利的时候为止。"[1]

4月中旬,毛泽东向邓华提出谈判期间志愿军行动的指导方针,即:争取停,准备拖,而军队方面则应作拖的打算,只管打,不管谈,不要松劲,一切仍按原计划进行。5月13日,志愿军提前发起夏季反击作战。7月13日晚,打响了金城战役。

在谈判桌和战场上一次又一次的反复较量中,"联合国军"被迫就范,达成协议。7月27日,双方签订停战协定,抗美援朝战争胜利结束。

---

[1] 《建国以来毛泽东军事文稿》中卷,军事科学出版社、中央文献出版社2010年版,第121页。

9月12日，毛泽东在中央人民政府委员会第24次会议上总结抗美援朝时说："我们的经验是：依靠人民，再加上一个比较正确的领导，就可以用我们劣势装备战胜优势装备的敌人"①，"帝国主义侵略者应当懂得：现在中国人民组织起来了，是惹不得的。如果惹翻了，是不好办的"②。

抗美援朝战争，是毛泽东一生最为艰难的一次决策，是毛泽东运筹国际战略的绝妙之笔，同时又是毛泽东军事指导艺术的充分展示。

———————

① 《建国以来毛泽东军事文稿》中卷，军事科学出版社、中央文献出版社2010年版，第174—175页。

② 《建国以来毛泽东军事文稿》中卷，军事科学出版社、中央文献出版社2010年版，第174—175页。

毛泽东是如何与美帝国主义做斗争的？

与美帝国主义做斗争，是毛泽东一生中的精彩一笔。

早在解放战争时期，由于美国悍然支持国民党蒋介石集团打内战，毛泽东就带领全党全军对美进行了勇敢果决的斗争。

新中国成立后，毛泽东又带领全党全军全国各族人民先后经历了抗美援朝战争、抗美援越斗争、恢复联合国合法席位、中美关系正常化等重大事件和斗争，中美两国关系也从"战场激烈对抗"到"长时期隔绝状态"，再到"开启关系正常化"。

在这一长期过程中，毛泽东领导作出了一系列有关对美斗争的重大论断、开展了若干重大行动，取得了对美斗争的重大成果。中国在强敌环伺的恶劣国际环境中实现了生存和发展，展示了对美斗争的高超政治智慧和斗争艺术。

明辨斗争的对手：“真老虎”与“纸老虎”

美帝国主义既是真老虎又是纸老虎。这是毛泽东指导对美斗争的基本出发点。

早在 1946 年 8 月，毛泽东在和美国记者安娜·路易斯·斯特朗的谈话中，就提出了帝国主义和一切反动派都是纸老虎的著名论断。新中国成立后，他还多次强调“美帝国主义是纸老虎”。

他指出，同世界上一切事物无不具有两重性一样，帝国主义和一切反动派也有两重性，它们既是真老虎，又是纸老虎。一方面，它们是活的铁的真的老虎，它们会吃人的；另一方面，它们逆历史潮流而动，终究会转化为纸老虎、死老虎、豆腐老虎。

毛泽东告诫大家，在战略上、全局上，要认清纸老虎的本质，藐视一切敌人，把它们放在不在话下的位置，树立必胜的信念；在战术上、在策略上，又要重视敌人，把它当作真老虎来打，讲究斗争艺术，千万不可掉以轻心。

毛泽东说：“帝国主义由真老虎变成半真半假的老虎，再变成完全的假老虎，即纸老虎，这是一个事物走向反面的转化过程，我们的任务就是要促进这个过程。在这个过程结束之前，老虎还可能要活一个时期，还能咬人。因此，打老虎要一拳一拳地打，要讲究拳法，不能大意。”①

---

① 《毛泽东文集》第七卷，人民出版社 1999 年版，第 404 页。

毛泽东的生动比喻,入木三分、切中要害,在今天仍然是对美国霸权主义的有力刻画。

物极必反。美国到处插手别国内政,制造危机混乱,表面上看似主动,其实是色厉内荏,霸权不得人心,必将处处陷入被动,引起世界人民的反对。

亮明斗争的态度:"不挑事"与"不怕事"

既不主动挑事,也不示弱怕事,是毛泽东指导对美斗争的一贯战略态度。

毛泽东在对美斗争中不主动挑事,并不是示弱怕事的表现,而是基于新中国自身利益作出的战略抉择。他在会见外国客人时曾反复谈到,新中国面临着发展经济、改善民生的艰巨历史任务,十分需要和平友好的外部环境,不想也不愿意打仗。

在对美国斗争特别是军事斗争时,毛泽东采取了审慎的态度。比如,当时美军飞机军舰就在我军前沿附近活动,极易擦枪走火。毛泽东批示不要先向美军开炮,只取守势,尽量避免冲突。

在决定攻击大陈岛时,毛泽东特别提出确实查清没有美舰美机的时机,方可对上下大陈进行攻击,否则不要攻击。炮击金门时,毛泽东明确指示只打蒋舰、不打美舰。

与此同时,毛泽东强调对待战争,第一条,反对;第二条,不怕。只有敢于斗争,敢于用战争反对战争,才能有效维护自己的利益,维护和平。

毛泽东是这样说的,也是这样做的。

最典型的就是抗美援朝战争。为了保家卫国,毛泽东毅然决定出兵朝鲜。他还正告美帝国主义,要打多久就打多久。

越南战争期间,毛泽东领导我军先后击落击伤入侵美机30余架,有力打击了美国的嚣张气焰。

中国不会主动挑起对美国的战争;中国人说话是算数的;中国是做了准备的;……毛泽东的以上言行,有力地震慑了美国的战争野心。

做好斗争的准备:"破迷信"与"强筋骨"

人民不要战争但要有战争准备。这是毛泽东指导对美斗争的保底策略。

毛泽东不怕事的底气,来自他带领中国人民做好了扎实充分的战争准备。他多次讲,中美之间打不起来,但是中国要准备打。作为伟大战略家,他有强烈的底线意识,考虑问题总是从出现最坏情况设想,做好应对最坏情况的准备,争取最好的前途和结果。

在1955年党的全国代表会议上,他指出,帝国主义势力还包围着我们,战争危险仍然存在。因此,我们在精神上和物质上都要有所准备,当着突然事变发生的时候,才不至于措手不及。

新中国成立后,由于长期的历史影响,在一些人群中仍然不同程度地存在着对西方的迷信,亲美、崇美、恐美的人不少。他多次讲到,要打破对西方的迷信,去掉"恐美病"的影响。

如何消除恐惧心理?

他强调,胜利的信念是打出来的,是斗争中间得出来的。可以说,抗美援朝战争的胜利就是根治"恐美病"良药。

毛泽东还多次讲到落后就要挨打,自身筋骨强才能少受欺辱。新中国成立后,他领导全党全军全国人民,立足于应对最困难最复杂的情况,提出"备战备荒为人民",做出三线建设的决策,加强战略后方建设,突破以"两弹一星"为代表的国防尖端技术,加强备战打仗宣传教育。我们不仅做好了打仗的物质准备,也做好了打仗的精神准备。

正如他所说的,"世界的事情总是那样,你准备不好,敌人就来了;准备好了,敌人反而不敢来"①。

这就是能战方能止战的战争规律。

统筹斗争的方法:"两手备"与"两条腿"

两手准备、两条腿走路,是毛泽东指导对美斗争的重要策略。

毛泽东在斗争中从来不忘"以革命的两手对付反革命的两手"。他认为,同美国打交道,既不能只讲"仁义道德",也不能"乱战一气"。要做好充分准备,讲求策略。

毛泽东提出,对付美国人要有两手准备:第一是坚决斗争;第二是不要着急。这里所说的"不要着急",不是说真的不在乎、无所谓,而是要保持战略耐心、战略定力,先把自己国内的事做好再说。

后来,毛泽东又讲,对付帝国主义要坚持"两条腿走路"。一条是坚决反抗;另一条就是开会谈判。在他看来,帝国主义也是两条腿在走路,一条是压迫,一条是欺骗。我们支持开会谈判,目的就是要揭露帝国主义的欺骗性。

朝鲜战争停战谈判过程中,美方一直采取拖延破坏的政策。毛泽东领导确立"持久作战、积极防御"以及作战与谈判相适应的方针,指导我方边打边谈、边谈边打,军事斗争与政治斗争紧密配合,最后迫使美方不得不于1953年7月签订停战协定。

---

① 《毛泽东年谱(1949—1976)》第五卷,中央文献出版社2013年版,第492页。

在总结谈判过程时，毛泽东曾说，美帝国主义者很傲慢，凡是可以不讲理的地方就一定不讲理，要是讲一点理的话，那是被逼得不得已了。

针对美国在对外侵略中常常使用"战争边缘"政策，毛泽东以其人之道还治其人之身，做到"来而不往非礼也"。

在1958年炮击金门中，我们同样采用了"战争边缘"政策。这种以"战争边缘"对付"战争边缘"的政策，使得美国进退失据、难以招架。

讲究斗争的艺术："百拳来"与"一拳开"

既善于斗争，又善于妥协，是毛泽东指导对美斗争的高超智慧。

在对美斗争中，毛泽东始终注重把握边界、节奏、尺度，以推动事态朝有利于我的方向发展。他根据国际形势和具体任务，真正做到了有理、有利、有节。

所谓"有理"，就是自卫原则，人不犯我，我不犯人，人若犯我，我必犯人；"有利"就是胜利原则，不斗则已，斗则必胜；"有节"就是休战原则，适可而止，决不可被胜利冲昏自己的头脑。

在全球东西方冷战格局下，美国对新中国采取"遏制孤立"政策，政治上不承认，军事上威胁，经济上禁运。

对此，毛泽东没有屈服，也没有被动等待、消极避敌，而是带领全体人民团结一心、坚决斗争，坚决捍卫核心利益；同时以坚决的斗争达成缓和紧张局势、赢得和平建设的契机，做到"打得一拳开，免得百拳来"。

抗美援朝、炮击金门和抗美援越，都表明中国人言必信、行必果。正是因为敢于与美帝国主义硬碰硬、撕破脸，中国的表态才有人信服、声音才有人愿听。

与此同时，毛泽东对美斗争既坚持原则，也注重灵活，做到原则性和灵活有机统一。

至20世纪60年代末期，中苏分歧发展到了爆发战争的临界状态。毛泽东感到不能让中国在世界上被"孤立"，"两霸"要争取"一霸"，做出了"联美抗苏"的战略规划。

为了共同对付苏联，促成中美破冰，毛泽东在涉及越南问题和中国台湾问题的谈判上向美国展现了高度灵活性。特别是在美国从中国台湾撤军的问题上，允许美国分阶段地逐步撤出其在台力量，定下了解决问题的共识基础。

团结斗争的力量："讲团结"与"会孤立"

在长期革命战争中，团结朋友、孤立敌人，是毛泽东指导对敌斗争的拿手好戏。

新中国成立后，毛泽东继续坚持用统一战线这个法宝对付美帝国主义。他指出，要善于团结世界上大多数国家，结成广泛国际统一战线，孤立美帝国主义。

对于美国拒绝承认新中国，还千方百计阻挠影响其他国家与新中国建交的举动，毛泽东作出强有力回击，在外交上果断实行"一边倒""另起炉灶""打扫干净屋子再请客"的政策，在较短时间内就有26个国家外交承认新中国。这就意味着美国对中国的"遏制孤立"政策漏洞百出。

随后，新中国适时提出并身体力行"和平共处五项原则"，在1954年日内瓦会议和1955年亚非会议等国际舞台上展示了中国形象、发挥了重要作用，与中国建交的国家越来越多，朋友圈越来越大。

如何团结多数、孤立少数呢？毛泽东指出要"利用矛盾，争取多数，反对少数，各个击破"①。不仅对广大中间地带和周边国家要做工作；对英国、法国、加拿大等西方国家，凡是有可能也要做工作，充分利用矛盾，分化孤立。同时，美国内部也是有矛盾的，也不是没有文章可做。

在毛泽东的"中间地带"理论、"三个世界"理论和国际反霸统一战线理论的指引下，中国的国际影响力不断提高，国际战略空间不断拓展。

为了自身的战略利益，美国不得不重新审视中国，并转而寻求与中国合作。

把控斗争的走向："没希望"与"期望高"

前瞻预见、科学预判，是毛泽东指导对美斗争的重要法宝。

毛泽东的战略观察力，使他能智慧地把握世界形势变化和中美关系复杂结构，善于从中美关系的黑暗中预见光明、从萌动中预见趋势，因势利导促成中美关系由量变转为质变。

从新中国成立之日起，毛泽东就高度警惕美帝国主义入侵和第三次世界大战的危险。他为防止帝国主义武装侵略，争取相对缓和的国际环境，以便能够集中力量进行国内建设，进行了艰苦努力。

由于中美之间在意识形态、社会制度和国家利益等方面存在结构性矛盾，而美国又在全球推行霸权主义，大肆施行反华、反共政策，中美间的冲突对抗不可避免。

最集中的爆发点就是抗美援朝战争。这是中美在军事领域的首

---

① 《毛泽东文集》第四卷，人民出版社 1991 年版，第 1154 页。

次交手,也是双方的战略试探。

对此,毛泽东有着清醒认识,他多次强调说,帝国主义的策略是可以灵活运用的,它的本性是不能改变的。美帝是不会甘心失败的,一有机会就要整我们的。

与此同时,毛泽东既看到矛盾双方的斗争性,又看到同一性。他认为,既要避免对中美关系期望过高,也要避免对中美关系看不到希望。

从1955年启动中美大使级会谈,中美大使级会谈渠道正式建立。毛泽东定下"一揽子解决"原则和确定"谈而不速,谈而不破"的对美方针,这表明他并不指望中美之间的对抗能在一夜间消除。

但是,他也相信两国对抗的状态不会永远持续下去,对中美关系的前景持乐观态度。从20世纪50年代中期起,毛泽东多次对中美建交做出乐观的预见,认为"总有一天,美国要与中国建交"。

终于,在有了"苏联"这个共同威胁后,中美接近的真正时机出现了。意识形态和社会制度的差异,不再成为双方接近的阻碍。

毛泽东巧妙地把握住了这个时机,机智地用"小球推动大球",开启了中美关系正常化的历史进程。

毛泽东是如何决策搞出原子弹的？

1964 年 10 月 16 日，两则爆炸性新闻让世界震动。

这一天，苏联塔斯社宣布，赫鲁晓夫被解除苏共中央第一书记职务；这一天，中国大漠深处一声巨响，我国第一颗原子弹爆炸成功。

3 天后的 19 日下午，毛泽东在中南海菊香书屋主持召开中共中央政治局常委会议。谈到这两件大事时，毛泽东用"无可奈何花落去"（指赫鲁晓夫下台）和"无可奈何花已开"（指我国成功爆炸第一颗原子弹）来描述。

毛泽东为何要在我国经济、技术基础还较为薄弱的情况下,下决心搞原子弹? 又是如何战胜一切困难,实现"东方巨响"的呢?

世界跨入核时代,新中国不时面临来自美国的核讹诈。在这种情况下毛泽东提出,要下决心搞原子弹

毛泽东最初对原子弹的认识,来自 1945 年 8 月美军对日本进行的核打击。

当时的《解放日报》,刊登了一篇美军在日本投下第一颗原子弹的消息,其中写道:"广岛所有生物被烧死,该城烟火弥漫,高达 4 万英尺。"

看到这个消息后,毛泽东敏锐地意识到原子弹的出现,会成为威胁中国人民的工具。于是,他约胡乔木等人,指出不应夸大原子弹的作用。

在此后召开的一次会议上,毛泽东再次论及原子弹。他认为,美国和蒋介石的宣传机关,想用两颗原子弹造成的毁灭性打击,来把我军的政治影响扫掉。但是扫不掉,没有那样容易。

在次年与斯特朗的谈话中,毛泽东明确提出"原子弹是美国反动派用来吓人的一只纸老虎"[①]。可以说,此时毛泽东更多是从宏观上论述原子弹的作用。同时,他也预见到了原子弹可能对中国革命事业产生的影响。

新中国成立后,随着对原子弹认识的加深,特别是西方资本主义国家对我国采取敌视甚至威胁政策,毛泽东下决心搞出我们自己的原子弹。

----

① 《毛泽东选集》第四卷,人民出版社 1991 年版,第 1194 页。

1949年底,他在出访苏联期间,观看了苏联进行原子弹试验的纪录片。有了这样一个直观的认识,毛泽东十分感慨,认为美国有了,苏联也有了,我们也可以搞一点。

朝鲜战争爆发后,毛泽东毅然决策出兵朝鲜,并在战场上取得巨大胜利,这极大地刺激了美国。美国企图利用封锁禁运、武装台湾、谩骂打压,甚至以核讹诈、核威胁,来逼迫中国屈服。

抗美援朝战争中,美国总统杜鲁门声称,对于原子弹的使用已经给予了积极考虑。国务卿杜勒斯则叫嚣,"共产党中国不接受停火条件,美国就不必为对中国使用核武器的后果负责"。

后来,在我军解放一江山岛时,美国甚至直接威胁,"对中国可能使用某些小型的战术原子弹"。在金门炮战开始后,美五角大楼、国务院、参谋长联席会议还研究了对中国进行核打击的具体目标。1955年3月,艾森豪威尔、杜勒斯不断发出对我国使用原子弹的威胁。

可以说,作为拥有核武器的国家,美国是从不吝惜使用的。他们始终认为:垄断原子弹这种"胜利武器的美国",可以把原子优势转化为政治的获益。

上述这些情况都表明,新中国成立之初面临的安全环境十分严峻。概括起来就是:当时的中国,虽然没有站在世界舞台中央,但承受的压力一点不比在世界舞台中央小;虽然综合国力不强,但却受到世界主要大国的高度关注;虽然武器装备比较简陋,但对手却屡次叫嚣要对华使用最尖端最可怕的核武器。

如何打破这种危局、突破这种困境?

一个重要的途径,就是要造出我国自己的原子弹。正如毛泽东所说的,在今天的世界上,我们要不受人家欺负,就不能没有这个东西。

这一点,一些外国科学家也看得很清楚。

例如,居里夫人的女儿——法国科学家约里奥·居里,让中国放射化学家杨承宗转告毛泽东:要反对原子弹,必须拥有原子弹。她还将亲手制作的 10 克含微量镭盐的标准源,送给了杨承宗。

英国著名学者弗里德曼也评论说:自广岛、长崎被毁后,没有任何一个国家像中国一样曾面临如此近的核威胁。

多年后,由美国斯坦福大学教授刘易斯和薛理泰共同撰写的《中国原子弹的制造》一书,通过对中美双方大量资料的研究,得出一个结论,那就是:中国造原子弹是为了"寻求安全"。

毛泽东和党中央坚持独立自主、自力更生,科学规划、集中力量,成功地实现了原子弹爆炸

1955 年 1 月,毛泽东主持召开中共中央书记处扩大会议,听取李四光等关于中国原子能科学研究现状、原子武器等问题的讲解。

毛泽东深有感慨地说:"今天,我们这些人当小学生,就原子能有关问题,请你们来上课。"①他同时指出,搞中国的原子弹这个事总是要抓的,现在是时候该抓了。

这次会议,从下午 3 点一直开到了晚上 8 点。

会后,毛泽东请与会同志吃饭时,兴奋地举起酒杯说:"为我国原子能事业发展,大家共同干杯!"中国发展原子能事业的战略决策由此作出了。

在新中国研制原子弹初期,苏联曾提供了一些帮助。当时,中苏

---

① 参见《毛泽东年谱(1949—1976)》第二卷,中央文献出版社 2013 年版,第 337 页。

在核科技及核工业领域签订了6个援助协定。然而,苏联的援助是有条件的、有限度的。

作为这段历史的重要参与者,聂荣臻说:对于一般生产技术资料、通用设备、一般原材料等苏联可以给,但关键性的生产技术资料、专用和非标准设备、精密测试仪器则拖延和拒绝。

实际上,早在1954年赫鲁晓夫访华时,毛泽东就提出我们想搞核武器,希望苏联给予援助。赫鲁晓夫听后十分吃惊,以一句"搞那个东西太费钱了。我们这个大家庭有了核保护伞就行了"搪塞过去。

如果把目光转向世界,在核心技术领域保密和封锁再正常不过了。美、英、法三国的关系不可谓不紧密,但美国还是抛出《麦克马洪法案》,对美国的核能信息进行严密控制。即使对英法盟友,美国也断然采取不合作态度,这令英国人很恼火、法国人很无奈。

对于一贯注重独立自主的毛泽东来说,他从一开始就强调要把搞核能事业放在自力更生的基础上。他曾在二机部的报告上批示:"尊重苏联同志,刻苦虚心学习。但又一定要破除迷信,打倒贾桂!贾桂(即奴才)是谁也看不起的。"①

1959年6月,苏共中央通过了给中共中央的信,要暂缓向中国提供核武器样品和技术资料。此后,苏联又单方面决定撤走全部在华苏联专家。赫鲁晓夫还声称,中国20年也搞不出原子弹。

苏联专家撤走时,不但带走了重要资料,就连地上的一片过滤膜也不放过。

苏联的做法,激发出中国人独立研制核武器的决心,由此将首枚

---

① 《毛泽东年谱(1949—1976)》第三卷,中央文献出版社2013年版,第350页。

原子弹研制工作定名为"596"工程。

毛泽东说:要下决心搞尖端技术。赫鲁晓夫不给我们尖端技术,极好! 如果给了,这个账是很难还的。

苏联专家的撤回,使研制工作遇到了一些困难。但由于我们一直坚持独立自主、自力更生,整个建设非但没有停顿,反而加快了由不能全部掌握到完全独立掌握的进程。

研制原子弹是一个技术密集、耗资巨大的尖端工程,需要从国家层面进行统一领导、调配资源和全力保障。中央作出发展原子弹、导弹的战略决策后,在 1955 年就通过成立三人领导小组方式,开创了党中央对"两弹一星"实施集中领导的先河。

到 1960 年前后,我国国民经济遇到极大困难。

有些人认为,包括原子弹在内的国防尖端科技发展应该下马,原因是耗费太大、耗时太长。在张爱萍将军之子所写的《从战争中走来:两代军人的对话》一书中,就谈到了这一问题:"要吃饭还是要原子弹? 两者都是关乎基本国策的大问题。"

当时的争论十分激烈,陈毅激动地说:"中国人就是把裤子当了,也要把原子弹搞出来。"①

毛泽东明确指示,要下决心搞尖端技术,不能放松或下马。

为了解决困难,毛泽东和党中央指示,通过成立集指挥权、财政权、人事权于一体的中央专门委员会等方式,加强统一领导、大力开展协作,组织全国一切力量进行研究。

这种"最高层"领导"最尖端",对原子弹研制的成功起了决定性作用。

---

① 《从战争中走来:两代军人的对话》,生活·读书·新知三联书店 2013 年版,第335 页。

新中国对外宣布"不首先使用核武器"的核政策，在国际上表明了爱好和平的鲜明立场，占据了道义制高点

1964 年春，托举原子弹的百米铁塔在罗布泊大漠中拔地而起。我国第一次核试验的准备工作全面展开。

这年 8 月，毛泽东在会见参加在日本召开的第十届禁止原子弹氢弹世界大会后访华的外宾时，说了这样一番话："我们的国家将来可能生产少量的原子弹，但是并不准备使用。既然不准备使用，为什么要生产呢？我们是用它作为防御的武器。"①

这个谈话，实际上已经表明新中国在制造和使用原子弹问题上的立场原则。

9 月，原子弹试爆准备工作接近尾声。当时相关部门提出了早试验、晚试验两个方案。毛泽东听取周恩来汇报后一锤定音：原子弹是吓人的，不一定用，那就应该早响。

21 日，周恩来给毛泽东写信，其中提出：如决定今年爆炸，以 10 月中旬到 11 月上旬为最好。毛泽东批示："已阅，拟即办。"

10 月 13 日下午，周恩来通知吴冷西、乔冠华等晚饭后到钓鱼台六号楼。见到他们后，周恩来用平静的语气宣布：近日我们将在罗布泊附近爆炸第一颗原子弹。他还说，之所以把他们找来，就是要起草一个公报和政府声明，这些都需要在当晚写出来，送毛主席审定。

随后，吴冷西等人根据周恩来设想的声明要点，连夜起草相关文稿。午夜过后不久，不到 2000 字的政府声明就写了出来；14 日清晨两点，公报也写好。

---

① 《建国以来毛泽东军事文稿》下卷，军事科学出版社、中央文献出版社 2010 年版，第260 页。

周恩来看过草稿后,比较满意,认为个别字句他再斟酌下,就报毛主席审定。为了犒劳吴冷西等人,周恩来还给每个人准备了一碗双黄蛋挂面。双黄蛋是周恩来老家淮安的特产,实际上象征着我们正在搞"两弹"。

16日下午3时,我国成功爆炸第一颗原子弹。

当周恩来向毛泽东汇报相关情况后,毛泽东异常冷静,指示:是不是真的核爆炸,要查清楚;还要继续观察,要让外国人相信。张爱萍根据现场多名科学家的观察分析,最终确认这是一次成功的核爆炸。

晚上,毛泽东、刘少奇等在人民大会堂接见参加音乐舞蹈诗《东方红》创作和演出的全体人员时,周恩来向大家宣布了我国第一颗原子弹爆炸成功的消息,全场一片沸腾。

当晚10时,我国对外正式公布这一特大新闻。在政府声明中明确表明,"中国进行核试验,发展核武器,是被迫而为的";强调指出,"中国发展核武器是为了防御,为了保卫中国人民免受美国发动核战争的威胁";同时,还声称,"中国在任何时候、任何情况下,都不会首先使用核武器","中国政府一贯主张全面禁止和彻底销毁核武器"。①

"东方巨响"后,毛泽东指出,原子弹要有,氢弹也要快。

实际上,早在1960年底,我们在全力研制原子弹时,就已开始氢弹的理论研究。1967年6月17日上午8时20分,我国第一颗氢弹爆炸成功。

也就是说,新中国仅用了2年多的时间,就完成了从原子弹爆炸

① 《毛泽东年谱(1949—1976)》第五卷,中央文献出版社2013年版,第418页。

到氢弹试验成功的跨越。而这一过程，美国人用了 7 年多时间，苏联人用了 4 年时间，英国人用了 4 年多时间。

面对严峻的国际形势、薄弱的建设基础，毛泽东以非凡的政治智慧和科学的筹划领导，使我国成功研制出包括原子弹在内的"两弹一星"，有力打破了大国的核垄断和核讹诈。

正如邓小平后来所说："如果六十年代以来中国没有原子弹、氢弹，没有发射卫星，中国就不能叫有重要影响的大国，就没有现在这样的国际地位。这些东西反映一个民族的能力，也是一个民族、一个国家兴旺发达的标志。"①

---

① 《邓小平文选》第三卷，人民出版社 1993 年版，第 279 页。

毛泽东在社会主义建设方面做出哪些探索？

1956年，社会主义改造完成，社会主义基本制度确立，我国发展迎来一个崭新篇章。

此时的毛泽东意气风发，无论是解放战争三年取得胜利，还是社会主义革命三年迅速完成，都比最初设想的时间缩短很多。特别是在朝鲜战场，打败了世界头号强敌美帝国主义。这一切，使毛泽东看到了中国人民具有的涤荡一切旧势力的磅礴力量。

面对即将展开的大规模社会主义建设，毛泽东无比自信，豪迈地指出：地球虽然我们没有到处去过，可是有地图一本，看一看，就是那么一些国家，不是故意吹牛皮，考察起来，还是我们这个国家有条件，地方大，人口多，就是这两个条件。位置也不坏，中国这个国家应该搞成世界上第一个文化、科学、技术、工业各方面更好的一个国家。

此后，毛泽东领导全党在中国大地上，开始了一场前无古人的社会主义建设的探索。

搞社会主义建设，不能脱离马克思主义，也不能离开中国国情。毛泽东鲜明提出"第二次结合"，指明探索的正确航向

在中国这样一个贫穷落后、人口众多的国度进行社会主义建设，没有先例可循，犹如攀登一座人迹未至的高山。

我们党领导新民主主义革命取得了伟大胜利，但在革命过程中积累的一些工作方法，并不能简单地移植到建设中。特别是对于大规模的经济建设，我们还缺乏经验。

例如，陈云在关于第一个五年计划的几点说明中说过这样一件事：1952 年，我们计划在 5 年内新建铁路干线 1 万公里，后来改为6000 公里，最后只建了 3000 公里。造成这种局面的一个重要原因，是修筑铁路没什么经验，因此一开始估价过低，以为每公里只用花39 亿元，结果实际的造价却达到每公里 62 亿元，最终不得不减少修筑里程。

毛泽东曾一针见血地指出：严重的经济建设任务摆在我们面前。我们熟悉的东西有些快要闲起来了，我们不熟悉的东西正在强迫我们去做，这就是困难。

面对在中国建设社会主义这个崭新的课题，毛泽东开始了他一生中又一次重大而艰巨的历史性探索。

新中国开始搞建设,首先是从学习苏联开始的。这是因为,从马列主义的书本上,我们找不到现成的答案;而苏联作为世界上第一个社会主义国家,当时已经有数十年建设的历史,取得了辉煌成就。

客观地看,苏联的建设模式,对我们有效集中财力物力人力进行重点项目建设,曾起到过积极的作用。但苏联的建设模式并非尽善尽美,比如存在农业与工业的发展不平衡、人民生活水平改善不多等问题。这就引起了我们的注意和思考。

特别是,对于十分强调独立自主、强调立足国情的毛泽东来说,完全照抄照搬苏联模式,并不是最好的选择。在袒露这一时期的心境时,毛泽东说:搞建设,我们懵懵懂懂,只能基本上照抄苏联的办法,但总觉得不满意,心情不舒畅。

这时候,苏联发生了一件大事,进一步促使毛泽东深入反思苏联模式的问题,并开始独立自主地探索中国特色的建设之路。

这件大事,就是苏共二十大以及会议上赫鲁晓夫作的秘密报告。

斯大林去世后,赫鲁晓夫当选为苏共第一书记。关于赫鲁晓夫此人,毛泽东的秘书师哲曾评价"文化程度较低,马列主义理论水平也很低","头脑混乱、思路不清,只凭主观臆想"。

1956年2月,在苏共二十大闭幕前一天深夜,赫鲁晓夫作了长达4个多小时的题为《关于个人崇拜及其后果》的报告,揭露和批判了斯大林所犯的一些重大错误。不久,这个报告被美国《纽约时报》全文发表,立刻引起全世界震动。

毛泽东得知此事后,很不赞成这一全盘否定的做法。他认为,苏联过去把斯大林捧得一万丈高,现在一下子把他贬到地下九千丈。

3月12日晚8时,毛泽东在颐年堂主持召开中央政治局扩大会议,讨论苏共二十大的问题。在会上,毛泽东用形象的语言指出:

赫鲁晓夫的秘密报告，"一是揭了盖子，二是捅了娄子"。所谓"揭了盖子"，就是说这个报告表明苏联方面并不是一切都是正确的，这就破除了迷信；所谓"捅了娄子"，就是说这个报告无论在内容上还是方法上，都有严重错误。

为了公开表明我们党的态度，毛泽东提议在《人民日报》发表一篇文章，这就是著名的《关于无产阶级专政的历史经验》。

毛泽东对这篇文章相当重视，在中央政治局讨论这篇文章时他着重指出：对苏共二十大，最重要的是要把马列主义基本原理同中国革命和建设的具体实际相结合，我们要进行第二次结合，找出在中国怎样建设社会主义的道路。

如果说在马克思主义基本原理与中国实际"第一次结合"中，我们成功开辟了农村包围城市、武装夺取政权的中国革命道路；那么，在社会主义建设时期，我们要以"第二次结合"，探索适合中国国情的社会主义建设之路。

进行"第二次结合"，就要搞调查研究，从而掌握我国建设的底子，摸索建设的路子

为了搞清我国建设的基础和现状，早在苏共二十大之前，毛泽东已经开始调查研究。

1956 年，刘少奇为起草中共八大政治报告，专门听取国务院一些部委的汇报。毛泽东听说此事后很感兴趣，对薄一波说："这很好，我也想听听。你能不能替我也组织一些部门汇报？"①

于是，从 1956 年 2 月 14 日开始，一直到 4 月 24 日，毛泽东听取

---

① 《若干重大决策与事件的回顾》（修订本）上卷，人民出版社 1997 年版，第 482 页。

了国务院 34 个部门的工作汇报,以及国家计委关于第二个五年计划的汇报。

听汇报、搞调研,期间还要处理其他事务,这对于已经 60 多岁的毛泽东来说并不轻松。

例如,4 月 2 日这天,清晨毛泽东对《关于无产阶级专政的历史经验》进行审阅修改,并致信刘少奇、邓小平;后又审阅彭德怀在中央军委扩大会议上的报告,并批示;下午他听取全国合作总社的汇报;晚上他又主持中央书记处会议。这期间的辛劳不言而喻。

对此,毛泽东曾诙谐地说:那段时间几乎每天都是"床上地下,地下床上",每次都是四五个小时。

有了前期细致调研和深入思考,毛泽东对中国如何建设社会主义已了然于胸。4 月 25 日,中央政治局扩大会议召开。本来这个会议的议题是讨论农业生产合作社问题,谁也没料到毛泽东在会上发表了《论十大关系》的讲话。

这个讲话贯穿的基本思想,就是"以苏为鉴",根据中国情况走自己的路。

"十大关系"前五条主要讨论经济问题,如重工业和轻工业、农业的关系,沿海工业和内地工业的关系、经济建设和国防建设的关系等;后五条主要讨论政治关系,涉及汉族和少数民族的关系、党和非党的关系等。这标志着毛泽东对怎样建设社会主义有了一个初步又比较系统的思路。

毛泽东后来曾这样评价《论十大关系》:前八年照抄外国的经验。但从 1956 年提出十大关系起,开始找到自己的一条适合中国的路线。

毛泽东以其深厚的理论基础和丰富的政治经验，发现问题本质、指明解决之道，取得了独创性成果

1956 年下半年，国内出现的一些情形引起了毛泽东的注意。

由于生产资料和生活资料供应紧张，一些地方发生了罢工、罢课的情况，农村中也有部分农民要求退社。

这让许多人始料未及，有些干部认为"好人不闹事，闹事没好人"，"凡是与政府闹事的就是敌我矛盾"。一些干部甚至根据革命时期的经验，用类似处理敌我矛盾的办法处理这些事件，结果进一步激化了矛盾。

毛泽东敏锐地捕捉到时代的变化，萌发了解决社会矛盾的新想法。

他在给黄炎培的信中写道：对社会主义社会中的矛盾，"一种是对敌（这说的是特务破坏分子）我之间的，一种是对人民内部的（包括党派内部的，党派与党派之间的）。前者是用镇压的方法，后者是用说服的方法，即批评的方法"[1]。

此后，毛泽东对这一问题进行了更进一步思考。在 1957 年召开的最高国务会议扩大会议上，他以"如何处理人民内部的矛盾"为题，从下午 3 点一直讲到将近晚上 7 点。

这个讲话，明确提出社会主义社会也充满矛盾，揭示了社会主义社会发展的动力；同时强调社会主义社会存在着敌我矛盾和人民内部矛盾，指出要用民主的、说服教育的、"团结—批评—团结"的方法解决人民内部矛盾。

---

[1] 《毛泽东文集》第七卷，人民出版社 1999 年版，第 164 页。

这一整套关于社会主义社会矛盾的学说,对党和社会主义建设事业具有长远的指导意义。

需要指出的是,毛泽东在《关于正确处理人民内部矛盾》中,还对我国的发展目标进行了规划,即将我国建设成为一个具有现代工业、现代农业和现代科学文化的社会主义国家。

后来,毛泽东在读苏联《政治经济学教科书》时,又明确提出"建设社会主义,原来要求是工业现代化,农业现代化,科学文化现代化,现在要加上国防现代化"①。

这样,"四个现代化"的目标就更加明确。周恩来在第三届全国人民代表大会第一次会议上,正式公布了实现农业、工业、国防和科学技术四个现代化战略目标。

在"四个现代化"中,实现工业现代化无疑是重中之重。新中国成立之初,我国的工业十分落后。毛泽东深有感触地说:现在我们能造桌子椅子,能造茶碗茶壶,能种粮食,但却造不成汽车、飞机、坦克、拖拉机。

1954 年,毛泽东在国防委员会第一次会议上还形象地说:"中国是一个庞然大国,但工业不如荷兰、比利时,汽车制造不如丹麦。有一句俗话,叫做'夹起尾巴做人',做人就是做人,为什么还不能翘尾巴呢? 道理很简单,我们现在坦克、汽车、大口径的大炮、拖拉机都不能造,还是把尾巴夹起的好。"②

为此,毛泽东和党中央作出优先发展重工业的决策。

----

① 《建国以来毛泽东军事文稿》下卷,军事科学出版社、中央文献出版社 2010 年版,第 69 页。
② 《建国以来毛泽东军事文稿》中卷,军事科学出版社、中央文献出版社 2010 年版,第 239—240 页。

当时中国的物质基础比较薄弱，如果把有限资源全部投入到工业建设之中，必然会带来整个国民经济发展的失衡，进而造成一系列负面后果。而苏联在这方面的教训，使毛泽东异常警觉，指出：苏联工业化过程中，重工业与轻工业的关系、农业问题就没有处理好，人民不能从中看到长远利益和当前利益的结合。

怎么避免苏联的失误、更好地实现我国工业化呢？

毛泽东用"两条腿走路"的比喻，道出了我国工业化之路。他认为苏联的方法是铁拐李走路，一条长腿，一条短腿，而我们则是在优先发展重工业的前提下，发展工业和发展农业同时并举，两条腿走路。后来，他又提出"以农业为基础，以工业为先导"总方针，进一步丰富了中国工业化道路的思想。

由此，中国工业化得到迅猛发展，建立起独立的比较完整的工业体系和国民经济体系。1949年与1976年相比，我国钢产量由10多万吨增加到2000多万吨，发电量从40多亿度猛增到2000多亿度，原油产量从10多万吨增加到8000多万吨。

美国一个学者曾评述说：中国的经济发展并不像许多西方记者错误地告诉读者的，是以"蜗牛速度"向前发展。毛泽东时代是中国现代工业革命的时代。

毛泽东还提出，要重视社会主义条件下商品生产和商品交换，强调价值法则"是一个伟大的学校"；在社会主义经济占有优势的条件下，可以"消灭资本主义，又搞资本主义"；在科学文化工作中实行"百花齐放、百家争鸣"的方针；党与民主党派的关系实行"长期共存、互相监督"的方针；等等。

总之，毛泽东对社会主义建设进行了艰辛探索，形成了独创性理论成果。虽然其中也有曲折、失误,但总体上看推动了社会主义建设不断向前,为我们探索建设中国特色社会主义积累了宝贵的经验。

毛泽东为什么要求编辑出版 《不怕鬼的故事》?

1959 年 5 月,毛泽东在会见苏联等 11 个社会主义国家在中国访问的代表团时,曾诙谐幽默地说出这样一番话:

"世界上有人怕鬼,也有人不怕鬼。鬼是怕他好呢,还是不怕他好? 中国的小说里有一些不怕鬼的故事。我想你们的小说里也会有的。我想把不怕鬼的故事编成一本小册子。"①

① 《毛泽东年谱(1949—1976)》第四卷,中央文献出版社 2013 年版,第 38 页。

会见外国客人结束后,毛泽东专门安排人编辑出版了《不怕鬼的故事》。

那么,是什么原因促使毛泽东编辑这本书? 这本人和鬼斗智斗勇的故事书中,体现了毛泽东怎样的意志和担当? 对我们今天具有什么样的借鉴意义?

在毛泽东的一生中,不怕鬼、不信邪,敢于斗争、敢于胜利,是他性格中的一个突出特点

早在毛泽东少年时代,他就认识到斗争的重要性。

在与斯诺的谈话中,毛泽东曾提到过这样一件事:一次他的父亲当着很多人的面骂他,毛泽东十分恼怒,于是离家出走。他父亲追上他,一边骂一边命令他回去。于是毛泽东跑到一个池塘边,并威胁说要跳下去,父亲不得不妥协。

毛泽东说:"我从这件事认识到,当我用公开反抗的办法来保卫自己的权利的时候,我父亲就软了下来;可是如果我保持温顺的态度,他只会更多地大骂我。"[1]

毛泽东走上革命道路之后,严酷的社会现实使他深刻认识到:要救国于危亡、救民于水火,胆小怕事不管用,温和改良行不通,必须不畏强权、无惧风险,在斗争中争取胜利。

1919 年,毛泽东在其主办的《湘江评论》创刊宣言中提出了"六不怕":"什么不要怕? 天不要怕,鬼不要怕,死人不要怕,官僚不要怕,军阀不要怕,资本家不要怕。"

正是有了这种"不怕鬼"的精神,毛泽东和他的战友们以毫不妥

---

[1] 《毛泽东自述》,人民出版社 2008 年版,第 17 页。

协的斗争意志和高超的斗争本领，带领中国人民赶走了日本侵略者，打败了国民党反动派，建立了新中国。

正是有了这种"不怕鬼"的精神，在新中国成立之后的第一个虎年，毛泽东果断作出抗美援朝的决策，打出了国威军威，赢得了战争胜利。

面对来自各方面的压力与挑战，毛泽东为进一步增强斗争精神、必胜信念，明确提出"不怕鬼就没有鬼了"

到了 20 世纪 60 年代后，新中国面临着来自多方的战争挑衅和军事压力。

美国继续对社会主义中国实行敌视政策，同时与中国台湾当局签订"共同防御条约"，加强对台军事援助，派遣"斗牛士"式导弹部队进驻台湾，加紧制造"两个中国"。

苏联党以"老子党"自居，无论是建设长波电台问题，还是共同潜艇舰队问题，反映出苏联要求我们党在军事和外交上服从苏联的战略。赫鲁晓夫甚至还无理地要求中国在台湾问题上不再使用武力，无端指责中国把尼赫鲁推向西方阵营，中苏关系开始走下坡路。

与此同时，印度政府无意通过和平谈判协商解决中印边界问题，倚仗美苏的支持，屡次挑起事端。

这一时期，我国经济发展遇到比较大的困难；台湾的国民党大肆叫嚣要"反攻大陆"，将其总兵力的 1/3 派驻到金门、马祖等沿海岛屿，并对浙江、福建沿海地区实行侦察袭扰；西藏上层反动集团发动大规模武装叛乱，波及西北、西南五省区。

中流击水，不进则退。面对狼烟四起的复杂时局，毛泽东经过深思熟虑，就有了文章开篇时关于"不怕鬼"的论述。

在这次讲话中,毛泽东还以其丰富的斗争经验和非凡的政治智慧鲜明指出:

> "经验证明鬼是怕不得的。越怕鬼就越有鬼,不怕鬼就没有鬼了。今天世界上鬼不少。西方世界有一大群鬼,就是帝国主义。在亚洲、非洲、拉丁美洲也有一大群鬼,就是帝国主义的走狗、反动派。"①

毛泽东对中国的古代典籍十分熟悉,语言艺术也十分了得。他在谈到"不怕鬼"时,信手拈来中国古代"狂生夜坐"的故事,把深刻的道理讲清讲透、深入人心。

他用幽默的语气说:有一天晚上,狂生坐在屋子里,有一个鬼站在窗外,把头伸进窗内来,很难看,把舌头伸出来,头这么大,舌伸得这么长。狂生怎么办呢? 他把墨涂在脸上,涂得像鬼一样,也伸出舌头,面向鬼望着,一小时、两小时、三小时,望着鬼,后来鬼就跑了。

毛泽东这里所说的"鬼",既指国际上的反华势力,也指国内遇到的困难。面对这些风险挑战,害怕是没有用的,只有以"狭路相逢,勇者胜"的勇气,直面问题、战胜挑战,才能开辟出新的天地。

"不怕鬼"既强调斗争精神,也蕴含斗争艺术,毛泽东在指导编辑《不怕鬼的故事》过程中,深刻阐发了"不怕鬼"应有的意志与智慧

此次会议后,毛泽东通过胡乔木把编辑《不怕鬼的故事》的任务,交给中国科学院文学研究所所长何其芳。

---

① 《毛泽东年谱(1949—1976)》第四卷,中央文献出版社 2013 年版,第 38 页。

何其芳等从《列异传》《幽明录》《广异记》《玄怪录》《北梦琐言》《括异志》《聊斋志异》《阅微草堂笔记》等中国古代笔记小说里，精选了《宋定伯捉鬼》《白骨》《江价不怕鬼怪》《捉狐射鬼》《高忠斗海怪》《陈鹏年吹气退缢鬼》《油瓶烹鬼》《杀鬼》等相关篇目。这些故事，短的几十个字，多的不过千把字，形象生动地描绘了不怕鬼、勇斗鬼、战胜鬼的故事。

何其芳还为这个小册子起草了序文。其中写道：编这个小册子的目的，是想把这些故事当作寓言、当作讽喻性的故事来介绍给读者们。如果心存怯懦，思想不解放，那么人们对于并不存在的鬼神也会害怕。如果觉悟提高，迷信破除，思想解放，那么不但鬼神不可怕，而且帝国主义、反动派、修正主义，一切实际存在的天灾人祸，对于马克思列宁主义者来说，都是不可怕的，都是可以战胜的，都是可以克服的。

序文写好后，何其芳将其呈送毛泽东审阅。

1961年1月4日上午，毛泽东专门把何其芳叫到颐年堂的住处，谈了他对序文的意见。毛泽东对何其芳说：

> "对具体的鬼，对一个一个的鬼，要具体分析，要讲究战术，要重视。不然，就打不败它。你们编的书上，就有这样的例子。《聊斋志异》的那篇《妖术》，如果那个于公战术上不重视，就可能被妖术谋害死了。还有《宋定伯捉鬼》。鬼背他过河，发现他身体重。他就欺骗它，说他是新鬼。'新鬼大，旧鬼小'，所以他重嘛。他后来又从鬼那里知道鬼怕什么东西，就用那个东西治它，就把鬼治住了。你可以再写几百字，写战术上重视。"①

---

① 转引自《毛泽东读书与写作纪实》，中国社会科学出版社 2013 年版，第6—7页。

毛泽东的这番谈话,与他一贯坚持的"战略上藐视敌人,战术上重视敌人"思想是一脉相承的。毛泽东深谙唯物辩证法,这时他考虑的不仅是要增强斗争的胆魄勇气,同时还想传达出这样一个信息:与鬼斗争,还要讲究方式方法,具体问题具体分析,提高斗争艺术,这样才能战胜"鬼"。

这样,他就把最初"敢不敢正视鬼"的问题,往深处进了一步,强调"能不能战胜鬼"。也就是说,必须重视"鬼"、研究"鬼",找出它的破绽、发现它的弱点,以此形成斗"鬼"的办法策略,从而最终打败"鬼"。

后来,何其芳根据毛泽东的指示,对序文又进行了修改。对修改后的序文,毛泽东作了多处加写。其中一处用极为生动的语言,对"越怕鬼就越有鬼"进行了阐释:"难道我们越怕'鬼','鬼'就越喜爱我们,发出慈悲心,不害我们,而我们的事业就会忽然变得顺利起来,一切广昌流丽,春暖花开了吗?"[1]

在序文结尾,毛泽东还加写了一段话,直接表明编辑出版这本书的目的:"但是读者应当明白,世界上妖魔鬼怪还多得很,要消灭它们还需要一定时间,国内的困难也还很大,中国型的魔鬼残余还在作怪,社会主义伟大建设的道路上还有许多障碍需要克服,本书出世就显得很有必要。"[2]

1961年1月24日,毛泽东看完最后修改稿后,又改写了一句,即"事物总是在一定条件下通过斗争同它的对方交换位置,向着它的对方转化的",并同意付印。

同时,毛泽东把书稿清样送给刘少奇、周恩来、邓小平、周扬、郭

---

[1] 《建国以来毛泽东文稿》第九册,中央文献出版社1996年版,第426页。
[2] 《建国以来毛泽东文稿》第九册,中央文献出版社1996年版,第427页。

沫若等人征求意见，并要求书出版时，在《红旗》《人民日报》上刊载序文。周恩来认真阅读送审的书稿，并修改了几处。

最终，《不怕鬼的故事》于1961年2月由人民文学出版社出版。此书作为当时党内干部整风的阅读书籍，对于统一全党的思想，坚定克服困难的信心，起到了积极的作用。

今天，我们党团结带领中国人民踏上实现第二个百年奋斗目标新的赶考之路。然而，船到中流浪更急，人到半山路更陡。正如习近平总书记所指出的：

> "在前进道路上我们面临的风险考验只会越来越复杂，甚至会遇到难以想象的惊涛骇浪。我们面临的各种斗争不是短期的而是长期的，至少要伴随我们实现第二个百年奋斗目标全过程。"[1]

一些国家看到我国经济总量日益逼近世界第一，焦虑感进一步上升，对我进行战略遏制和围堵的力度不断加大，千方百计算计我们、打压我们。我们唯有"不怕鬼""研究鬼"，强化斗争精神，提高斗争本领，才能在新时代新征程上赢得更加伟大的胜利和荣光。

---

[1] 《习近平谈治国理政》第三卷，外文出版社2020年版，第225—226页。

如何认识 20 世纪 60、70 年代
新中国的备战？

20 世纪 60、70 年代,在中华人民共和国历史上是一个十分特殊的年代。这一段时期,党和国家发生了一些重大的事件,对当时和后来都产生了一系列深远的影响。

回顾这个年代,一个重要的标志性事件,就是毛泽东和党中央领导开展的全国性备战。时光荏苒,半个多世纪过去了。站在新时代的台阶上,我们应该如何客观理性地看待那个时期的备战？

毛泽东和党中央根据对新中国面临战争威胁的判断,逐步作出全国性备战的决策

20 世纪 50 年代,毛泽东对战争与和平形势的判断,总体上是持乐观态度的,强调"战争是可以制止的"。

然而,进入 20 世纪 60 年代后,国际形势风云变幻,中国周边环境发生了重大变化。中苏关系逐渐恶化;中印边界发生武装冲突;美国开始介入越南战争;国民党当局也乘机叫嚣"反攻大陆"。

随着国家安全环境的恶化,毛泽东对战争与和平形势的判断出现了微妙的变化,开始转向认为"世界大战有两种可能性"。

在这一时代背景下,20 世纪 60 年代初期,毛泽东和党中央开始把战备提上了日程。

1962 年 6 月 8 日,周恩来在东北地区军事干部会议上的讲话中,根据毛泽东的指示,把"整军备战"改为"备战整军"[①],首次提出"备战整军"的方针。

1964 年夏天,"北部湾事件"发生。越南战争不断升级,美国对新中国带来的直接战争威胁加大。此外,中苏关系继续恶化,对新中国构成一个不可忽视的威胁。毛泽东和党中央判断,战争的可能性进一步加大,开始提出准备"早打、大打、打核战争"的战略方针。

1965 年 4 月 14 日,中央军委向全军发出了关于加强战备的指示,明确提出对小打、中打以至大打都要有所准备。为做好应对战争的准备,增强国防工业支持大规模反侵略战争的能力,毛泽东和党中

---

① 《周恩来军事文集》第 4 卷,人民出版社 1997 年版,第 433 页。

央制订了"备战"计划。

1965年第三个五年计划的制订,正式确立了国防建设在国家各项建设中的首要位置,标志着国家建设从整体上转入备战轨道。此后,国防开支在国家开支中的比例大幅上升,大批人力、物力资源向国防领域转移。

1969年3月,中苏在珍宝岛发生武装冲突。苏联在中苏、中蒙边境陈兵百万,来自苏联方向的军事威胁空前严重。毛泽东和党中央认为,大战在即,不可避免。3月15日,在听取珍宝岛作战情况汇报时,毛泽东反复强调"要准备打仗"。

4月召开的中共第九次全国代表大会,正式确立了"准备早打、大打、打核战争"的战略指导思想。随着形势的发展,全军进入临战状态。在中共九届一中全会上,毛泽东强调,既要在物质上,更要在精神上准备打仗。

这一时期,在"战争不可避免"的总体判断下,军队建设完全转向应急性临战准备状态,全党全国的备战也达到了高潮。

在国家危难之时,毛泽东立足最坏可能做好战争准备,有效维护了新中国的国家安全

邓小平指出:"每个党、每个国家都有自己的历史,只有采取客观的、实事求是的态度来分析和总结,才有好处。"[1]

进入20世纪60、70年代,新中国面临着实实在在的严重战争威胁。已步入晚年的毛泽东,"仍然警觉地注意维护我国的安全"[2],时刻保持着对外来入侵的高度警惕。

---

[1] 《邓小平文选》第三卷,人民出版社1993年版,第272页。
[2] 《关于建国以来党的若干历史问题的决议》,《人民日报》1981年10月7日。

他立足最坏可能做好战争准备,将整个国家由和平时期转入临战状态,大大增强了应对战争能力。

首先,适应了当时所面临的严峻国家安全形势的需要。

1985 年 9 月,邓小平在会见奥地利总统基希施莱格时,回顾并分析了毛泽东时代的国际战略,深有感触地说:

> "毛主席当时提出的国际战略有当时的历史条件。那时苏联在各方面都占优势,美国加上西欧都处于劣势,是很大的劣势。我们当时面临的形势是,从美苏力量对比看,苏占优势,而且张牙舞爪,威胁中国。我们的判断是,苏联处于进攻性态势,而且是全球性进攻,战争的危险主要来自苏联。"①

在当时,无论是美、苏都对新中国公开发出过战争的叫嚣。后来双方的解密档案也证明,它们当初确实制订了针对中国的大规模军事入侵计划。

在两个超级大国的战争威胁下,毛泽东和党中央作出备战的决策,断然将军队建设转入临战状态,是一个非常英明之举。它充分显示了中国人民捍卫国家主权和安全的决心和信心,使美、苏不敢轻易对中国动武。

由于中国军民的严阵以待,不仅使得朝思暮想要"光复大陆"的蒋介石集团不敢轻举妄动,使得美国在侵越战争中始终紧张地注视着中国的反应和动向,地面部队一直未敢越过北纬 17 线,也使得苏联在珍宝岛冲突中遭受失败后,不敢贸然对中国采取使冲突升级的

---

① 《邓小平年谱(1975—1997)》(下),中央文献出版社 2004 年版,第 1076 页。

行动。

后来叛逃到西方的苏联高级克格勃官员谢普琴科也证实,20 世纪 60 年代末期苏联之所以没有实施对中国核设施的外科手术式的突然袭击,原因在于,除了美国警告苏联,这样做会导致美苏间严重对抗外,还在于中国有了充分的准备。

事后,美国学者也不无夸张地说,若不是中国严阵以待,"苏联甚至可能在 30 分钟内突袭并摧毁中国微不足道的核力量"[1]。

其次,促进了我军建设某些方面的"超常规"发展。

在当时极其复杂的情况下,国防战略武器的研制工作取得一系列令人瞩目的成就。

最为引人注目的,当属立足自力更生,在"两弹一星"等国防尖端技术研制方面取得的重大突破。它奠定了新中国在国际上具有举足轻重大国地位的重要物质基础。

此外,长期的备战整军还促进了各军兵种的发展,形成了一批新型作战力量。

陆军的武器装备得到进一步改善,合成化程度以及火力、突击力、防护力和机动力都有所增强。

海空军等技术军兵种建设也得到了一定程度的发展。1971 年与 1958 年相比,海军、空军以及陆军中特种部队的比例增加,步兵所占比重降低,军队现代化合成程度进一步提高。

海军不但有了一定数量的常规鱼雷潜艇,而且有了驱逐舰、护卫舰(艇)、登陆舰(艇)和侦察船、防救船、工程船、拖船、运输船等,形成了适应近海作战、有一定攻防能力、以第一代轻型战斗舰艇为主的

---

① 尼克松:《领袖们》,知识出版社 1984 年版,第 310 页。

舰艇系列。20 世纪 70 年代初与 60 年代初相比,舰艇数量和吨位分别增长了 63% 和 71%。

空军随着强 5 型攻击机、轰 6 型轰炸机相继装备部队,作战能力也大大增强。航空导弹、航空炸弹、通信导航设备以及其他地面辅助设备也有相应发展,有效地保证了航空兵在各种复杂条件下升空作战,遂行战斗任务。

最后,有利于把全党、全军和全国人民的意志和行动统一起来。

军事是政治的继续,军事始终服从并服务于国内政治。

在当年复杂的形势下,毛泽东所领导的备战工作,不仅具有重要的军事意义,而且具有重要的国内政治意义,客观上有利于把全党、全军和全国人民的意志和行动统一起来,从而维护国家内部的稳定。

另外,"左"的错误思想的干扰,导致在处理备战与建设的关系上出现了一些偏差。

20 世纪 50 年代末期,由于"对社会主义建设经验不足,对经济发展规律和中国社会基本情况认识不足,更由于毛泽东同志、中央和地方不少领导同志在胜利面前滋长了骄傲自满情绪"[1],导致"左"倾错误严重地泛滥开来。

进入 20 世纪 60 年代初期,"'左'倾错误在经济工作的指导思想上并未得到彻底纠正,而在政治和思想文化方面还有发展"[2],到"文化大革命"中则发展成为全局性的错误。

"左"的错误思想的长期存在,在一定程度上干扰乃至影响了毛泽东对战争形势的判断。

---

① 《关于建国以来党的若干历史问题的决议》,《人民日报》1981 年 10 月 7 日。
② 《关于建国以来党的若干历史问题的决议》,《人民日报》1981 年 10 月 7 日。

在 20 世纪 60 年代至 70 年代中期这一较长的历史阶段,国家面临的战争威胁程度并非是始终如一的,而是随着形势发展有所变化的。对此,毛泽东虽有一定的认识,但未能根据客观形势变化而及时调整对战争形势的认识。

对这方面的失误,我们党后来进行了深刻的反思。1983 年 3 月,邓小平在与中央负责人谈话时说:"以前总是担心打仗,每年总要说一次。现在看,担心得过分了。"①

1985 年 9 月 14 日,他在会见奥地利总统基希施莱格时,对当年关于战争形势的判断问题进行了深刻的总结,指出:"现在情况不同了,那时我们的判断也有缺陷,所以就改变了。更大的原因是情况变了,我们对战争的分析也就变了。"②

在军队建设的总体指导上,由于未能根据客观形势变化而加以适时调整,从而使军队长期处于弯弓盘马状态,无法顾及长远性的基础性建设。

依照当时国内外形势变化,军队大量扩大数量规模,一方面加强了保卫祖国安全的力量,弥补了一些地区防御不足的缺陷;另一方面军队规模的极端膨胀,严重影响了国家建设,损害了军队建设的发展,带来了一系列不良后果。③

另外,长期将战备作为国内各项工作的中心,也打乱了正常的社会生产秩序,使各项工作受到不同程度的影响,从而影响了经济建设和人民生活。

诚如后人所想的,"如果较为客观地估计战争形势,准备大打就

---

① 《邓小平文选》第三卷,人民出版社 1993 年版,第 25 页。
② 《邓小平关于新时期军队建设论述选编》,八一出版社 1993 年版,第 6 页。
③ 参见《中国人民解放军精简整编史》,军事科学出版社 2008 年版,第 272 页。

会主要局限于军事工作的范围,较少干扰国内和平建设的正常秩序,就像50年代那样"①。

这是对历史的深刻反思和总结。

---

① 陈舟:《现代局部战争理论研究》,国防大学出版社1997年版,第64页。

毛泽东统一战线政策的
高明之处在哪儿？

1939 年 10 月 4 日，毛泽东在《〈共产党人〉发刊词》中总结中国共产党历史经验时，指出：

"统一战线问题，武装斗争问题，党的建设问题，是我们党在中国革命中的三个基本问题。正确地理解了这三个问题及其相互关系，就等于正确地领导了全部中国革命。……十八年的经验，已使我们懂得：统一战线，武装斗争，党的建设，是中国共产党在中国革命中战胜敌人的三个法宝,三个主要的法宝。"①

毛泽东把统一战线看作是战胜敌人的一个法宝,中国革命的历史也充分证明了这一点。

我们党通过实行统一战线,团结了一切可以团结的力量,打败了日本帝国主义侵略,打倒了蒋介石反动统治,打出了新中国。

中国是否能由如此深重的民族危机和社会危机中解放出来,将决定于这个统一战线的发展状况,党的基本的策略任务是什么呢？不是别的,就是建立广泛的民族革命统一战线

以毛泽东同志为主要代表的中国共产党人,在大革命时期就认识到"惟目前的内外压迫,非一阶级之力所能推翻"②,并与实行三民主义的国民党结成统一战线,打败了称雄一时的北洋军阀。

1937年,毛泽东在回顾这段历史时说,孙中山先生致力国民革命四十年还未能完成的革命事业,在仅仅两三年之内获得巨大成就,"这是两党结成了统一战线的结果"③。

1931年九一八事变后,日本妄图独占全中国,中华民族面临亡国灭种的危险。蒋介石却坚持"攘外必先安内",对日本实行不抵抗政策,放弃东北,出卖华北主权;对内围攻红军,镇压全国人民的爱国运动和民主运动。

为了团结蒋介石共同抗日,1936年5月红军回师陕北之际,迅即向南京国民党政府要求停止内战一致抗日;8月,中共中央又致信

① 《毛泽东选集》第二卷,人民出版社1991年版,第605—606页。
② 《毛泽东文集》第一卷,人民出版社1993年版,第18—19页。
③ 《毛泽东选集》第二卷,人民出版社1991年版,第364页。

国民党中央,要求组织建立两党共同抗日的统一战线,并派代表多次和国民党方面进行谈判,但蒋介石仍然拒绝共产党的主张。

西安事变发生后,国民党军政部部长何应钦竭力策动"讨伐",宋美龄、孔祥熙则努力营救蒋介石。中国共产党内也有不少人认为,蒋介石杀害了成千上万共产党人和革命群众,应该杀之而后快。

然而,事变第二天,毛泽东就指出:这次事变打破了以前完全被蒋介石控制的局面,我们应以西北为抗日前线来影响和领导全国,形成抗日战线的中心,"我们不是正面反蒋,而是具体指出蒋介石个人的错误,不把反蒋抗日并列"①。

12 月 18 日,中共中央公开发表关于西安事变致国民党中央电,表示"为国家民族计,为蒋氏个人计",国民党必须停止一切内战,一致抗日。

19 日,毛泽东接连发出 14 份电报,其中 11 份发给身在西安的周恩来,提出和平解决这一事变的具体工作要求。他还致电在南京的潘汉年,让他与南京政府接洽和平解决事变的有关安排。

最终,蒋介石接受了停止内战、联共抗日的要求,由此实现了国共两党十年内战后重新携手。

在处理这次事变中,毛泽东及时抓住中日矛盾成为主要矛盾、国内矛盾降到次要和服从地位的变化,顾全大局摒弃了前嫌,把蒋介石拉到抗日阵营中,促成了抗日民族统一战线的形成。

抗日战争时期,党内有人提出了与统一战线策略完全相反的关门主义主张。毛泽东称之为"幼稚病",并指出这是孤家寡人的策略,在实际上成了日本帝国主义和汉奸卖国贼的忠顺奴仆。

---

① 《毛泽东年谱》上卷,中央文献出版社 1993 年版,第 622 页。

他主张,我们要的是制日本帝国主义和汉奸卖国贼的死命的民族革命统一战线,要勇敢地抛弃关门主义;抗日的统一战线不但是中国的,而且是全世界的,只有中国的仍是不够的。

1937 年 1 月 25 日,美国《生活》杂志发表了一组特殊照片,标题是《中国漂泊的共产党人的首次亮相》,作者是斯诺。通过斯诺,延安及中共红色政权第一次在世界亮相。

红星开始在全世界闪耀。全世界包括美国,重新打量中国。

他们为中国共产党顽强的生命力与革命热情所震撼,而日益严峻的国际形势则使得人们逐渐搁置了意识形态上的隔阂,组成了更为广泛的统一战线。

1937 年创办的陕北公学,是一所有着统一战线性质的学校。学员有共产党员,也有国民党员;有工人,也有农民;有汉族,也有少数民族;有红军,也有来自国民党统治区的干部;有十几岁的青年,也有年过半百的老人。

毛泽东评价陕北公学说:"陕公代表着全中国的统一战线,是中国进步的一幅缩图。"①

1939 年 7 月 9 日,毛泽东对即将上前线的陕北公学师生说:姜子牙下昆仑山,元始天尊赠了他杏黄旗、四不像、打神鞭三样法宝。现在你们出发上前线,我也赠给你们三样法宝,这就是:统一战线、武装斗争、党的建设。

从这里走出来的干部,大多在各条战线上成为骨干力量,为中国革命作出了不可磨灭的贡献。

毛泽东的统一战线思想,使中国共产党在各种不同的情形下团

---

① 《毛泽东文集》第二卷,人民出版社 1993 年版,第 104 页。

结了一切可能团结的革命阶级和阶层,使敌我力量对比发生了变化,使敌人处于孤立之中。

正如毛泽东指出的那样,这个统一战线具备了战胜任何敌人和克服任何困难的坚强的意志和源源不竭的能力,最后的胜利必属于我们。

以斗争求团结则团结存,以退让求团结则团结亡,必须坚持又联合又斗争的基本策略原则

1938年10月下旬广州、武汉相继失守,抗日战争进入战略相持阶段。日本、国民党、共产党三方面的力量对比和相互关系,也发生了重要变化。

日本帝国主义对抗日民族统一战线使用拆台政策,通过德国大使陶德曼与蒋介石议和,逼近南京后又企图逼降蒋介石,侵华日军华中方面军司令畑俊六还派代表到奉化祭奠蒋介石的祖坟。

在这种情况下,"主和派"一度抬头,汪精卫甚至成立傀儡政权,公然卖国乞降。蒋介石虽继续留在抗战阵营,但共产党的发展令他日益忧心忡忡。

他在日记中写道:"共党乘机扩张势力,实为内在之殷忧","目前急患不在敌寇",而在"共产党之到处企图发展"。国民党在各地制造的摩擦活动也日益增多,统一战线面临被破坏的危险。

毛泽东对日本帝国主义、国际投降主义和国内主和派的阴谋进行了坚决斥责,指出"当前形势中投降是主要危险、反共即准备投降"[①]。日本诱降政策和国际投降主义是"诱鱼上钓取而烹之"的阴

---

① 《毛泽东选集》第二卷,人民出版社1991年版,第573页。

险政策，"谁要上钩谁就准备受烹"①。

面对国民党挑起的摩擦，党内外一些人生怕斗争会破裂统一战线。毛泽东指出，在抗日统一战线时期中，斗争是团结的手段，团结是斗争的目的；以斗争求团结则团结存，以退让求团结则团结亡。

1939 年 2 月，他在中央党校做了《反对投降主义》的讲演，指出对国民党的摩擦要"人不犯我，我不犯人"，"人若犯我，我必犯人"。

1939 年 6 月 11 日，国民党在河北的"摩擦专家"、河北民军总指挥张荫梧公开叫嚷："八路军怕统一战线破裂，我们无论怎样做，进攻是没有问题的。"②他还从背后偷袭深县八路军后方机关，杀害八路军官兵 400 多人，制造了"深县惨案"。

在同日军生死搏斗中，八路军缴获了张荫梧部下勾结日本联合向八路军进攻的密信，一举歼灭张荫梧部 4500 人。蒋介石在压力下，不得不将张荫梧撤职查办，国民党顽固派的反共活动受到沉重打击。

1939 年 11 月，国民党召开五届六中全会，确定了要以军事反共代替政治溶共的方针，制定了《处理异党问题实施方案》。

毛泽东清醒看到一场不希望看到的武装冲突也许难以避免。11 月 14 日，他在陕甘宁边区党代表大会上谈道："我们的团结是有条件的"，"假使把你的头割掉了，还讲什么团结啦？"③

1939 年 12 月，阎锡山在晋西向新军决死第二纵队和八路军晋西独立支队发动进攻。

---

① 《毛泽东选集》第二卷，人民出版社 1991 年版，第 572 页。
② 本书编写组：《中共中央在延安：一个马克思主义政党的崛起》，人民出版社、研究出版社 2019 年版，第 55 页。
③ 本书编写组：《中共中央在延安：一个马克思主义政党的崛起》，人民出版社、研究出版社 2019 年版，第 55 页。

毛泽东分析认识到,摩擦斗争是以新旧军冲突的形式出现的,阎锡山还没有公开反共。他相应地制定了斗争方针,要求"对叛军进攻绝不让步,坚决有力地给予还击,并立即由新派提出反对叛军的口号,但不要反对阎"[①],对没有下最后决心投降日本的阎锡山要"在拥阎之下反阎"[②]。

1940年1月,晋西南旧军封锁了吕梁山和中条山。毛泽东提出"我们的方针,不惜与中央军打,只有反磨擦才能取得存在与发展"[③]。

最终,随着晋东南八路军和新军的反击,以及八路军在太行山的反击取得了重大胜利,国民党顽固派发动的反共高潮已无法支持下去。经过这次打退反共高潮的实践经历,毛泽东关于正确处理抗日战争时期国共关系的策略思想有了重大发展。

1940年3月,他在延安中国共产党的高级干部会议上作了《目前抗日统一战线中的策略问题》的报告,突出强调了争取中间势力的重要性和对顽固派斗争的三条原则。

他指出,第一是自卫原则。这是斗争的防御性。对于顽固派的军事进攻,必须坚决、彻底、干净、全部地消灭之。

第二是胜利原则。不斗则已,斗则必胜,决不可举行无计划无准备无把握的斗争。决不可同时打击许多顽固派,应择其最反动者首先打击之。这是斗争的局部性。

第三是休战原则。在一个时期内把顽固派的进攻打退之后,在他们没有举行新的进攻之前,应该适可而止。这时应该主动地又同

---

① 《毛泽东传》(二),中央文献出版社2011年版,第553页。
② 《毛泽东传》(二),中央文献出版社2011年版,第553页。
③ 《毛泽东传》(二),中央文献出版社2011年版,第556页。

顽固派讲团结。

这三个原则就是有理、有利、有节。这样就有争取时局走向好转的可能。

"一切经过统一战线"是不对的，必须坚持党对统一战线的领导权，坚持统一战线中的独立自主原则

1937 年 8 月，中共中央在洛川召开政治局会议。

毛泽东在会上提出了统一战线的领导权问题，他指出："在统一战线中，是无产阶级领导资产阶级呢，还是资产阶级领导无产阶级？是国民党吸引共产党呢，还是共产党吸引国民党？"[①]

到底把国民党提高到共产党所主张的抗日救国十大纲领和全面抗战呢？还是把共产党降低到国民党的地主资产阶级专政和片面抗战？

毛泽东提出这个尖锐的问题，是因为他敏锐察觉到了国共合作给党内带来的投降主义和迁就主义现象。

国民党方面，蒋介石大肆宣传"共产党投降"，企图统制共产党，对红军、抗日民主根据地采取限制和削弱政策，对共产党干部进行升官发财、酒色逸乐的引诱。在 1937 年 7 月的庐山训练班上，国民党提出"在抗日战争中削弱共产党力量五分之二"的阴谋计划。

1937 年 7 月，南方八省游击队编成新四军，国民党军队借口漳浦是海防前线，诱骗闽粤边红军独立第三团到漳浦县城集中受训、点名发饷，并对按时开到指定地点的红军部队强令收缴枪械。

危急关头，红三团团长何鸣竟要求部队服从命令，把枪放下，等

---

① 《毛泽东选集》第二卷，人民出版社 1991 年版，第 391 页。

党中央来处理,还带头卸下短枪。就这样,近千名红军被国民党军一枪不发地缴械并监禁起来,留下了惨痛教训。

共产党内,许多党员缺乏两党合作经验,党内小资产阶级成分大量存在,一部分党员不愿意继续艰苦斗争的生活,统一战线和抗日民主根据地中存在迁就国民党的无原则倾向。

特别是红军改编为八路军后不设政治委员,将政治部改为政训处。有的不愿意严格地接受共产党的领导、个人英雄主义抬头、以受国民党委任做官为荣耀,八路军的政治工作和部队建设遭受了不少损失。

更为严重的是,共产国际执委会总书记季米特洛夫曾提出,由于共产党力量弱小,在国共统一战线中不要提谁占优势、谁领导谁的问题,应当遵循"一切服从统一战线","一切经过统一战线"的原则,不要过分强调独立自主。[①]

中国共产党高层对这个问题也存在着较大分歧。

1937年12月,王明作了题为《如何继续全国抗战与争取抗战胜利呢?》的报告,否认统一战线中的独立自主原则,主张"一切经过抗日民族统一战线","要承认国民党是领导的优势的力量"[②],指出"红军的改编不仅名义改变,而且内容也改变了"[③]。

到武汉后,王明片面强调国共两党精诚团结,忽视两党之间抗战路线的区别,还在抗日救国十大纲领之后又提出另外六大纲领,强调"统一指挥、统一纪律、统一武装、统一待遇、统一作战计划、统一作战行动"。

---

① 《毛泽东传》(二),中央文献出版社2011年版,第509页。
② 《毛泽东传》(二),中央文献出版社2011年版,第510页。
③ 《毛泽东传》(二),中央文献出版社2011年版,第511页。

1938年2月，王明在中央政治局会议上还附和国民党"只要一个军队"和"统一军令"的叫嚣，令与会的政治局委员大感意外。

毛泽东对此指出，国民党的方针是限制我们发展，企图指挥各党听它一党的命令。如果所谓"一切经过"就是经过蒋介石，那只是片面的服从。如果想把我们所要做的"一切"均事先取得国民党同意，那么，它不同意怎么办？

他强调，我们一定不要破裂统一战线，但又绝不可自己束缚自己的手脚，因此不应提出"一切经过统一战线"的口号。我们的方针是统一战线中的独立自主，既统一又独立，绝不能抹杀这种相对的独立性。无论在思想上也好，在政治上也好，在组织上也好，各党必须有相对的独立性。

针对八路军中出现的新军阀主义倾向，毛泽东指出，这个新军阀主义倾向虽然和老的军阀主义倾向同其根源、同其结果，然而它是在国共两党统一战线时期发生的，带着特别大的危险性，需要坚决地加以反对。

1937年10月22日，中共中央决定八路军恢复政治委员制度及政治机关，并随后提出"独立自主的山地游击战"这个新的战略原则。

在各抗日根据地，提出"统一战线中的独立自主"这个原则。在西安，纠正了国共两党关系上的无原则倾向，重新开展了群众斗争。在上海，批评了"少号召，多建议"的章乃器主义，纠正了救亡工作中的迁就倾向，等等。

毛泽东还认为，不仅要坚持统一战线中的独立自主原则，还要坚持党对统一战线的领导权。共产党和红军不但在现在充当着抗日民族统一战线的发起人，而且在将来的抗日政府和抗日军队中必然要成为坚强的台柱子。

他号召共产党人,以自己彻底的正确的反日反汉奸卖国贼的言论与行动,去争取自己在反日战线中的领导权。对反日战争中的广大民众,中国共产党积极满足农民的土地要求,满足工人、士兵、贫民、知识分子改良生活待遇等基本利益要求。

这就动员了更广大的群众走进反日阵地,并使反日运动取得了彻底胜利。

如何认识毛泽东斗争艺术中的妥协智慧？

"斗争"是毛泽东鲜明的性格特征。毛泽东一生崇尚斗争、善于斗争。与此同时，他十分注重斗争策略，将斗争与妥协灵活结合起来，既善于斗争，又善于妥协。

在戎马生涯的对敌斗争中，毛泽东根据中国革命形势和武装斗争具体实际，坚持有理有利有节的斗争策略，把妥协智慧运用发挥得出神入化，使中国共产党保存与发展了实力，赢得了战略上的主动。

到敌人统治力量最薄弱的农村去发展

1927 年,蒋介石在上海发动了"四·一二"反革命政变,大肆屠杀共产党人和革命群众。轰轰烈烈的大革命宣告失败,中国革命形势转入低潮。

中国共产党深刻总结大革命失败的教训,认识到必须拿起枪杆子组建自己的革命武装力量,与国民党反动派开展坚决的武装斗争,才能夺取革命胜利。

此后,中国共产党拉开了武装反抗敌人的序幕,先后发动南昌起义、广州起义、长沙起义、秋收起义等上百次武装斗争。由于对中国革命斗争的规律特点认识不够,这些武装斗争主要在敌我力量悬殊的大城市发起,最后均以失败告终。

秋收起义失败后,毛泽东科学分析工农革命军面临的严峻形势,认为在敌强我弱的情况下,单靠工农革命军的现有力量是难以取胜的。于是,他主张放弃攻打大城市的计划。

毛泽东指出,现代中国革命没有枪杆子不行,单靠枪杆子没有"民众运动"配合也不行。我们应当先到敌人统治薄弱的边缘山区农村,去保存革命力量,去发动农民革命。

毛泽东打了一个比喻:我们现在只有 1000 多人,而国民党有几十万、几百万的人。不过,我们现在就是一块坚硬的小石子,蒋介石是一口大水缸。不管水缸再大,只要我们团结得紧、打得勇,总有一天,我们这块小石头就要打破蒋介石那口大水缸,让他漏水。

我们现在有工人、农民和士兵,一共有三根手指头,而蒋介石就是个兵,难道三根手指头也打不过一根手指头吗?

此后,毛泽东带领部队在井冈山深入发动群众,搞土地革命,开展游击战争,创建了井冈山革命根据地,开始了工农武装割据的新实践。

在认真总结探索的基础上,他系统阐述了农村包围城市革命道路的理论。这就为随后全国范围内农村革命根据地的建立以及各地工农红军的大规模发展,探索开辟了一条新路子。

以战略上的退却,换取战役战术上的主动

毛泽东认为,战略退却的目的是保存军力,准备反攻。

退却之所以必要,是因为处在强敌的进攻面前,若不退让一步,则必危及军力的保存。退却具有重大的意义,并非"机会主义的单纯防御战线"。

在第一次国内战争时期,蒋介石集中重兵向南方各根据地的红军发动大规模"围剿"。为粉碎敌人强大的进攻,毛泽东指出,我们既不能犯拼命主义的错误,也不能犯逃跑主义的错误,要打持久战,实施诱敌深入的战术原则。

他强调,要在战略上实行退却,战术上实行进攻,变战略被动为战役战斗的主动。当敌人进攻时,红军实行退却,变外线为内线,以集中优势兵力各个击破敌人,这是内线中的进攻战。

1928 年,他把红军打圈圈、游击作战的经验,明确概括为"敌进我退、敌驻我扰、敌疲我打、敌退我追"的游击战"十六字诀"。

毛泽东指挥中央红军,以这种积极妥协的智慧和积极防御的战略思想,先后取得第一、二、三、四次反"围剿"的胜利。

第一次反"围剿",红军诱敌深入,4 万兵力打败蒋介石"十万强敌";第二次反"围剿",红军避敌主力、击其虚弱,书写了"横扫千军如卷席"的奇迹;第三次反"围剿",红军采取"磨盘战术"奇袭敌军,三战三捷;第四次反"围剿",红军采取退却穿插,在运动战中连战连捷。

1933年下半年,蒋介石对革命根据地发动第五次"围剿"。由于博古等人的"左"倾冒险主义错误,红军第五次反"围剿"失败,被迫开始战略转移。

如何摆脱国民党几十万大军围追堵截?

关键时刻,毛泽东坚持以战略退却赢取战役战术主动,避开敌军主力,直逼敌人力量最薄弱的贵州,指挥千军万马四渡赤水河,把蒋介石及其"追剿"红军的部队搞得晕头转向,拖得溃不成军。

四渡赤水的胜利,是毛泽东灵活机动战略战术的胜利,也是毛泽东娴熟运用斗争和妥协辩证关系的得意之笔。它使红军在生死攸关之际化被动为主动,从失败走向了胜利。

只要蒋介石同意改编红军,就是我们的一大胜利

九一八事变后,面对侵华日军步步紧逼,蒋介石不抵抗政策引起全国人民的强烈不满。

1936年8月,中国共产党正式提出开展第二次国共合作的主张。1936年12月西安事变爆发。在中国共产党的积极调解下,蒋介石最终接受了联共抗日条件,国共开启了第二次合作。

国共合作抗日本是一件利国利民的好事,但蒋介石打着自己的小算盘,想借双方谈判之机削弱红军力量,甚至一举吃掉红军。

毛泽东对蒋介石的"小九九"心知肚明。为顾全抗日大局,中国共产党在谈判中对国民党选择了一定程度的妥协和退让,作出了很大的让步。

在红军编制问题上,中国共产党最先提出改编为4个军12个师

36 个旅，遭到蒋介石拒绝。中国共产党作出让步，提出缩减为 4 个师六七万人的编制，然而国民党仍不满意，进一步提出无理要求。

当国共谈判陷入僵局时，毛泽东要求谈判代表团采取灵活机动的战略战术。他明确指出，只要蒋介石同意改编红军，就是我们一大胜利。

根据这一原则，中国共产党再次作出重大让步：取消红军名义，服从国民党中央的统一指挥，将红军缩编为 3 个师共计 4 万 5 千人。

卢沟桥事变爆发后，中国共产党郑重公开声明：取消"工农革命政府"称号，红军正式更名为"国民革命军"。此外，为了壮大抗日统一战线队伍，联合地主阶级起来抗日，中国共产党将没收地主土地政策改为减租降息政策。

正是毛泽东灵活把握斗争中的政治智慧，才促成建立了抗日民族统一战线，形成了国共合作、共赴国难的大好局面。

在全民抗战的滚滚洪流中，中国共产党领导下的革命力量迅速发展壮大，为中国革命胜利奠定了坚实的基础。

以革命的两手，反对反革命的两手

抗日战争胜利后，阶级矛盾成为国内主要矛盾。面对错综复杂的国内外局势，国民党反动派玩起了"真内战、假和平"的反革命两手伎俩。

蒋介石力邀毛泽东赴重庆谈判，一方面为了拖延时间调集军队，另一方面想借谈判将内战的责任推卸给中共或迫使共产党交出解放区和军队。

面对蒋介石打的如意算盘，毛泽东深刻揭露国民党反动派的阶级本性，提出针锋相对、寸土必争，以革命的两手反对反革命两手，以谈对谈、以打对打的斗争策略。

他不顾自身安危,亲自赴重庆全力争取和平,向全国、全世界表明了共产党争取和平民主的真诚态度和求实精神,赢得了理解和支持。

中国共产党为了捍卫广大人民的根本利益,作出巨大让步,主动向国民党提交包括拥护三民主义、拥护蒋介石领导地位、惩治汉奸、停止武装冲突、承认各党派合法地位等 11 条谈判要点。

人民军队改编数量,从最初要求的 48 个师,降到 24 个或至少 20 个师;并且表示愿意让出海南岛、广东、浙江、苏南、皖南、皖中、湖南、河南 8 个解放区,表现出争取和平的极大诚意。

这些让步,有力戳穿了国民党蒋介石造谣共产党抢地盘的谎言,暴露了反动派想打内战的阴谋,让他们在全国人民面前输了理。

同时,共产党始终保持清醒头脑,做到谈有原则、让有底线,坚持革命到底的原则丝毫没有改变,使得美蒋反动派希望中共放弃斗争、交出军队的阴谋不能得逞。

在谈判中,面对蒋介石暗中加紧策划内战,毛泽东领导做好自卫战争的准备,把工作的基点放在"打"上。

他说:蒋介石为了争夺抗战果实,一定会不择一切手段向我们某些地区发动进攻,如果我们不制止并把他们打出去的话,他们一定会得寸进尺,到时候就后患无穷了。他打我们就打,不打和平是不会来的。

在这一思想指导下,共产党采取"蒋介石打,我们也打;蒋介石停,我们也停;甚至可能要通过打痛蒋介石来逼他让步"的战略策略。

刘伯承、邓小平在上党迅速发动上党战役,共歼灭国民党军 13

个师 1 个挺进纵队 3.5 万余人，给进犯解放区的国民党军以沉重打击。

阎锡山惨败的消息传到重庆，国民党主动挑起内战的阴谋就此败露。这就使得我们党在谈判中占据了主动地位，成功促成了"双十协定"的顺利签订。

两手对两手的策略，让国民党阴谋彻底破产，是毛泽东军事辩证法思想的具体运用和生动体现。

拿一个延安，换来一个全中国

1947 年 3 月，蒋介石在全面进攻解放区的计划破产后，下令对陕北解放区进行重点进攻。

他命令心腹爱将胡宗南部，率总兵力约 34 个旅 25 万余人进攻延安，并出动飞机 45 架对延安进行狂轰滥炸。胡宗南夸下海口，要在 3 天之内拿下延安。

当时在陕北战场，能够保护党中央和延安的军队仅有 3 万人左右，兵力为敌军的十分之一。且武器弹药紧缺、装备落后，与胡宗南部队全副美式装备相差甚远。

面对敌人优势兵力三面围攻和狂轰滥炸，毛泽东清醒地认识到，如果死守延安，必然招致我军重大伤亡。在这种情况下，毛泽东毅然决定，主动放弃并撤离延安。

听闻这一决定后，众人很不理解。

毛泽东向大家解释道：如果一个人背着很重的包袱，包袱里装满了财宝，可是路上却不幸遇到拦路抢劫的强盗，面对这种情况该如何是好？

如果背着沉重的包袱跟强盗打，一定打不赢，那样的话财宝跟命都没了。倘若暂时放下包袱轻装上阵的话，就能全力以赴地跟强盗对抗，战胜强盗后，包袱自然也就保住了。

我军打仗也是如此，不在于一城一地的得失，而在于消灭敌人有生力量。存人失地、人地皆存，存地失人、人地皆失。

他还告诉大家，我们放弃延安只是暂时的，并不损害战争胜利大局。今天我们放弃了延安，将来要拿一个延安换来全中国。

毛泽东的解释，给了大伙儿巨大的振奋和鼓舞。

3月18日，在轰隆的枪炮声中，毛泽东批阅完手头的文件，率党中央撤离了延安。临走之际，他还交代彭德怀，务必把延安打扫干净。

3月19日，胡宗南占领了延安。

为了拖住胡宗南的部队，彭德怀、习仲勋率兵采用蘑菇战术，牵着他们在陕北高原游转。待敌人筋疲力尽之后，集中兵力一个一个歼灭敌军，先后取得青化砭战役、蟠龙战役以及羊马河战役等的胜利，消灭敌人有生力量2万余人。

蒋介石想要迅速拿下延安的美梦被彻底击碎，不得不从战略进攻转入战略防御。这就为我们党随后的战略反攻打下了坚实基础。

以后的历史发展进程，证实了毛泽东当年的预言。

在人民军队的隆隆炮火声中，国民党的八百万大军溃不成军，我们很快迎来了全中国的解放。

拿一个延安换来全中国，以小的局部的妥协，换取了整体性的胜利。这鲜明体现了毛泽东着眼长远和全局进行思考决策的战略智慧。

毛泽东是如何谈未来中国的命运的？

新中国成立后的 20 世纪 50、60 年代，毛泽东在领导开展各项建设的过程中，对未来中国的命运也作了种种设想。

未来中国将走什么样的道路？在国际上担负什么样的角色？中国将发展成什么样子？对这些问题，毛泽东在会议讲话或与外宾的谈话中，作出了回答和展望。

今天，站在新时代的台阶上回望过去，品味毛泽东当年的决策预见，更加感到伟人的高瞻远瞩和伟大不凡。

侵略就是犯罪，我们不侵犯别人一寸土、一根草

新中国成立后，国际上有人污蔑中国要搞对外侵略。

他们声称，中国也许要变成一个帝国主义，除了美、英、法帝国主义以外，又出现了第四个帝国主义——中国！甚至有人预测，过一百年以后，成吉思汗复活，欧洲又要吃亏，也许要打到南斯拉夫去！要防范"黄祸"！①

随着新中国不断发展壮大，来自西方的这种担心和负面论调始终存在。1960 年 5 月 27 日，英国元帅蒙哥马利来华访问。他在与毛泽东的对话中，就直率地表达了这种担心。

蒙哥马利说，他有一个有趣的问题想问一下主席：中国大概需要五十年，一切事情就办得差不多了，人民生活会有大大的改善，房屋问题、教育问题和建设问题都解决了。到那时候，中国的前途将会怎样？

毛泽东敏锐地意识到对方的担心，反问道：你的看法是那时候我们会侵略？

蒙哥马利说：他觉得，当一个国家强大起来以后，它应该很小心，不进行侵略。

毛泽东对蒙哥马利的观点十分赞同。接下来，他们俩讨论了近代史上英帝国由世界上最强大的国家变衰弱的例子。

最后，蒙哥马利再次询问："五十年以后中国的命运怎么样？那时中国会是世界上最强大的国家了。"②

---

① 参见《毛泽东文集》第七卷，人民出版社 1999 年版，第 122—123 页。
② 《建国以来毛泽东军事文稿》下卷，中央文献出版社、军事科学出版社 2010 年版，第95 页。

毛泽东给出了肯定的答复：“五十年以后，中国的命运还是九百六十万平方公里。中国没有上帝，有个玉皇大帝。五十年以后，玉皇大帝管的范围还是九百六十万平方公里。如果我们占人家一寸土地，我们就是侵略者。”①

在对外做解释说明工作的同时，毛泽东解决这一问题的根本办法是，从中国历史文化传统及社会主义政权的性质出发，牢固确立了和平外交政策，从而为和平发展战略思想奠定了重要基石。

毛泽东一再强调：“中国党是个马列主义的政党，中国人民是爱好和平的。我们认为，侵略就是犯罪，我们不侵犯别人一寸土、一根草。我们是爱好和平的，是马克思主义的。”②

这就阐明了中国要奉行的是和平外交政策，绝不会去侵略别人。

对于大国主义，毛泽东明确地表明了反对态度。他说：

> “在国际上，我们反对大国主义。我们工业虽少，但总算是大国，所以就有些人把尾巴翘起来。我们就告诉这些人‘不要翘尾巴，要夹紧尾巴做人’。”③

毛泽东还以他小的时候，他妈妈常常教育他要“夹紧尾巴做人”为事例，生动阐明新中国绝对不会搞大国主义。

历史证明，中国共产党言行一致，既是这样说的，也是这样做的。中国确定了和平发展的战略和防御性的国防政策，坚持在和平共处

---

① 《建国以来毛泽东军事文稿》下卷，中央文献出版社、军事科学出版社 2010 年版，第 95 页。
② 《毛泽东文集》第七卷，人民出版社 1999 年版，第 123 页。
③ 《毛泽东文集》第七卷，人民出版社 1999 年版，第 123 页。

五项原则基础上发展同各国的友好合作，反对侵略扩张，反对动辄使用武力或以武力相威胁。

新中国成立 70 多年来，没有主动挑起过任何一场战争和冲突，也没有侵占其他国家任何一寸领土。

中国人民一定要在不远的将来，赶上和超过世界先进水平

新中国成立之初，面临的是一副千疮百孔的烂摊子，国内民生凋敝，经济社会发展十分落后。

即便如此，对于新中国的未来，毛泽东作为伟大的革命者和建设者，始终充满了信心和期望。

1954 年 9 月，来自全国各地的 1200 多名代表齐聚中南海，参加第一届全国人民代表大会第一次会议。在会上，毛泽东对新中国的未来作了美好的憧憬："我们有充分的信心，克服一切艰难困苦，将我国建设成为一个伟大的社会主义共和国。"①

当时苏联的发展模式和状况，代表了社会主义建设的典范，成为新中国学习的榜样。在向苏联老大哥看齐的同时，毛泽东也豪迈地宣称：中国人民有志气，有能力，一定要在不远的将来，赶上和超过世界先进水平。

毛泽东的信心，来源于他对中国人民所蕴含的无穷力量的深刻认识。这种伟大的力量，在革命战争年代已经得到了充分的体现；在社会主义建设时代，也一定能够取得新的伟大成就。

1954 年 10 月 18 日，毛泽东在国防委员会第一次会议上说：我们现在工业、农业、文化、军事还都不行，帝国主义估量你只有那么一

---

① 《毛泽东文集》第六卷，人民出版社 1999 年版，第 350 页。

点东西,就来欺负我们。但他们对我们的估计有一条是失算的,就是中国现在的潜在力量将来发挥出来是惊人的。

1970年9月25日,毛泽东在一次会议上谈道,帝国主义并不可怕。他们怕我们,是怕我们的将来,不是怕我们的现在,这就是所谓"潜在力量"。所谓"潜在"嘛,就是"力量"还在那里睡觉,不晓得哪一天醒了,他们就紧张了。

这一说法,令我们不禁想起了拿破仑关于中国的一句名言:中国是一头沉睡的狮子。等哪天醒来,它会震惊全世界的!

如何实现建设伟大的社会主义共和国的蓝图?

毛泽东和党中央发明的办法就是,立足落后的现状,通过制定实施五年计划,一步一步地去努力,最终实现赶上和超过世界先进水平的宏伟目标。

这一点,正如1954年毛泽东在一次谈话中所指出的:"只要有五十年的和平,我们便可进行十个五年计划。"①为了开展这一计划,就需要创造和平的建设环境,努力实现美好的目标理想。

半个世纪过去了,人类告别了20世纪,迎来了21世纪。

至2001年,中国基本上不间断地制订实施了第十个五年计划。从2001年到2005年这五年中,中国人均国内生产总值突破1000美元,人民生活明显改善,社会生产力、综合国力都迈上新台阶。

2005年,中国的GDP首次超过法国,2006年首次超过英国,2007年首次超过德国,正式成为世界第三,仅次于美国和日本。2010年,中国一举超过日本,成为世界经济第二大国。之后,中国追赶美国的差距越来越小,拉开日本的差距则越来越大。

---

① 《建国以来毛泽东军事文稿》中卷,中央文献出版社、军事科学出版社2010年版,第268—269页。

至第十三个五年计划实施完毕的 2021 年,中国经济总量和人均水平实现了新突破,经济规模达到 114.4 万亿元,折合美元 17.73 万亿,日益逼近美国的 23 万亿,是日本 4.938 万亿的 3 倍还多。

经过 70 多年的建设,中国经济社会发展取得了天翻地覆的变化,创造了世界奇迹。在几代人的不懈努力下,半个多世纪前毛泽东赶上世界先进水平的畅想,已经欣慰地实现了。

世界和平的责任,我们是要担负的

新中国成立后,面临着如何处理中国与世界的关系这一问题。

历史上,中国始终充当地区和平的稳定器。在第二次世界大战后这一新的国际体系中,新中国究竟要扮演什么样的角色? 是世界和平的破坏者还是维护者? 这是世界各国的一个重要关注点。

当时西方国家有一种说法,即在各国共产党中,中国共产党特别调皮,不守规矩,不讲道理,是乱来的。对这些错误的说法,毛泽东进行了驳斥,并阐明了中国的政策。

1960 年 10 月 22 日,毛泽东在同斯诺的谈话中,谈到了这一问题。

鉴于原子弹的强大杀伤力和破坏力,以及中国正在研制原子弹,斯诺首先提出了中国未来将如何使用原子弹的问题。他说,再过十年到二十年,中国就会达到工业化的目标,有些美国人害怕中国一旦有了原子弹,就会马上不负责任地使用它。

毛泽东对此明确地指出:不会的,原子弹哪里能乱甩呢? 如果我们有,也不能乱甩,乱甩就要犯罪。

随后,斯诺又提出一种说法:全世界的和平每天都取决于中国的责任感。这种责任感首先是对中国人民的,其次是对全世界的,而中国是其中的一部分。

毛泽东对此表示认同,并作了进一步的说明。

他说,不管美国承认不承认我们,不管我们进不进联合国,世界和平的责任我们是要担负的。我们不会因为不进联合国就无法无天,像孙悟空大闹天宫那样。我们要维持世界和平,不要打世界大战。我们主张国与国之间不要用战争来解决问题。

关于中国如何使用原子弹的问题,1964 年 10 月 16 日,中国第一颗原子弹在新疆罗布泊核武器试验基地成功试爆。当日,中国便向世界主动公开了首次核试验成功的消息,通过《中华人民共和国政府声明》和《新闻公报》等阐明了中国核试验的目的,并对中国掌握核武器后所要履行的国际义务作出承诺。

中国政府郑重宣布:"中国在任何时候、任何情况下,都不会首先使用核武器。"此后,中国历届政府始终坚持这一核政策不动摇,体现了一个负责任大国的担当。

关于中国对世界和平的责任,新中国始终把维护世界和平作为外交政策的重要立足点之一,坚持国际公理,主持国际正义,在国际舞台上勇于担当、积极作为,为世界和平和稳定作贡献。

20 世纪五六十年代,新中国从自身安危以及地区利益考虑,采取政治、外交乃至军事手段,积极参与塑造地区和平态势。

20 世纪 80 年代,对于中国的发展对世界和平究竟是有利还是有害,国际上又出现了一些不同的看法。对此,邓小平明确肯定地讲:"中国现在是维护世界和平和稳定的力量,不是破坏力量。中国发展得越强大,世界和平越靠得住。"①

---

① 《邓小平文选》第三卷,人民出版社 1993 年版,第 104 页。

　　进入新时代,习近平总书记强调,中国向世界作出了永远不称霸、永远不搞扩张的庄严承诺,中国始终是维护世界和平的坚定力量,这些必须始终不渝坚持下去,永远不能动摇。

　　中国积极参与全球热点问题的政治解决,发展对外军事关系,增进军事互信。随着自身能力的不断提升,中国主动承担更多责任,与各方携手应对各类国际和地区安全挑战,积极为国际社会提供公共安全产品和服务。

　　新中国以 70 余年的实际行动向世人证明,中国是维护地区与世界和平的积极因素和坚定力量。

　　毛泽东当年关于担负起世界和平责任的承诺,得到了很好的践行。

毛泽东是如何领导打好科学技术这一仗的？

科学技术是人类认识和改造世界的伟大实践之一，是最高意义上的革命力量。

毛泽东立足于中国革命和建设的探索实践，继承发展了马克思关于"科学是一种在历史上起推动作用的、革命的力量"的科学论断，始终把科学技术作为民族复兴的重要手段予以尊崇，回答了经济基础薄弱的落后农业国如何解放和发展生产力、建设社会主义工业化国家等重大时代课题。

毛泽东所确立的革命语境下的科学技术发展模式，成功实现了新中国的国防科技事业在一穷二白的基础上快速起步。

毛泽东始终坚持唯物辩证法指导下的科学技术观

毛泽东对科学技术的理解与认识,始终是在一定的哲学世界观框架下展开的。

从青年时期对自然科学与社会科学关系的基本认识,到接受马克思主义后将马克思主义经典理论家的科学技术观点应用到中国的革命和实践中,这种以哲学指导科学的基本信念贯穿于毛泽东攀登科学技术高峰的整个过程,形成了基于唯物辩证法的科学技术观。

这一科学技术观可以分为两个层次:一方面,科学技术的发展离不开以马克思主义为核心的哲学社会科学的指导;另一方面,科学技术的发展成果要以服务政治与社会实践为指向。

毛泽东坚持哲学社会科学之于自然科学的主导地位,提出"自然科学是要在社会科学的指挥下去改造自然界"[1]。

在长沙求学期间,毛泽东起初对自然科学并不热衷,自言"我想专修社会科学。我对自然科学并不特别感兴趣"[2]。此后在与湘生、罗学瓒的通信中,毛泽东逐步转变了对自然科学的看法,并认识到了自然科学对哲学社会科学发展的基础性作用。

毛泽东这一时期对自然科学的态度,受弗里德里希·泡尔生影响颇深。泡尔生认为自然法则与伦理法则相互贯通,并在《伦理学原理》中提倡了一种伦理化的科学技术观,认为伦理学"位于诸术之

---

[1] 《毛泽东文集》第二卷,人民出版社1999年版,第269页。

[2] 埃德加·斯诺:《西行漫记》,董乐山译,生活·读书·新知三联书店1979年版,第121页。

上"，毛泽东在旁批注："此言学皆起于实践问题，故皆范于伦理学。"①

这种以哲学审视科学的视角，使毛泽东天然区别于自洋务运动以来的功利化实用主义科技观，也为他自觉运用马克思主义基本原理考察分析和研究科学技术的各种问题奠定了基础。

在1931年红军打下漳州后，毛泽东在紧张地反"围剿"战争中抽出时间研读恩格斯的《反杜林论》，从唯物辩证法视角对数学、物理学、化学、天文学、地质学等诸学科知识进行审视。

在1940年出席陕甘宁边区自然科学研究会成立大会时，他指出"自然科学是人们争取自由的一种武装"，同时也正式确立了哲学社会科学对自然科学的主导地位。

在毛泽东看来，"没有哲学的自然科学"是"盲目科学"②。

虽然科学研究的对象是客观的，但科学技术的研发者与应用者却是有阶级的，因此科学技术研发的动机及其应用的社会后果，也会因阶级利益的不同而分化。在阶级社会条件下，科学技术将不可避免地具有阶级性，必须依靠正确的思想来指引。

毛泽东将马克思主义本身定义为"一切革命者都应该学习的科学"③，是人们认识和把握客观世界的真理性规律。

在具体的科技政策上，则是体现为发挥思想政治工作对科研工作的统帅作用："思想工作和政治工作，是完成经济工作和技术工作的保证……只要我们的思想工作和政治工作稍为一放松，经济工作

---

① 《毛泽东早期文稿》，湖南出版社1990年版，第116—120页。
② 《毛泽东哲学批注集》，中央文献出版社1988年版，第396页。
③ 《毛泽东选集》第三卷，人民出版社1991年版，第852页。

和技术工作就一定会走到邪路上去。"①

毛泽东将科学技术置于认识与改造世界的实践之中,高度重视科学技术的政治与社会功能。在他看来,科学技术不是孤立地存在,而是源于实践、用于实践,是人们争取自由的重要武器。

科学技术作为人对自然界发起斗争的中介,是通过"向地球开战"进而"从自然里得到自由"的手段。这种同自然的斗争,实际上就是将自然纳入自身权力范围内的过程。"同敌人斗争,敌人就归我们管了;同自然斗争,自然就归我们管了。"②

毛泽东始终从国家总体战略的高度审视科学技术,总是把科学技术的发展与各时期党和国家的路线任务结合在一起,把发展科技当作提高我国综合实力和国防实力的一个重要手段来考虑,认为科学技术"是为社会主义的经济基础服务的,是为革命的政治斗争服务的"③。

在革命战争年代,毛泽东十分重视科学技术对提升革命根据地生产力的作用,提出:"自然科学是很好的东西,它能解决衣、食、住、行等生活问题,所以每一个人都要赞成它,每一个人都要研究自然科学"④。

在社会主义经济建设中,毛泽东十分重视通过抓科学技术来提高劳动生产率。1955年初步提出要抓科学技术工作,1958年提出党的工作重点转移到技术革命上来。

这种基于实践语境下的科学技术观,为革命时期的中国共产党

---

① 《毛泽东文集》第七卷,人民出版社1999年版,第351页。
② 《毛泽东哲学批注集》,中央文献出版社1988年版,第309—310页。
③ 《建国以来毛泽东文稿》第十卷,中央文献出版社1996年版,第400页。
④ 《毛泽东文集》第二卷,人民出版社1999年版,第269页。

以及新中国科技事业的发展提供了重要的指导。

毛泽东领导作出"向科学进军"的战略决策

竺可桢曾言："科学在中国好像一株被移植的果树，过去因没有适当的环境，所以滋生不十分茂盛。现在有了良好的气候，肥沃的土壤，它必将树立坚固的根，开灿烂的花，结肥美的果实。"①

新中国成立后，面对世界科技的迅猛发展和社会主义建设的大规模展开，以毛泽东同志为核心的党的第一代中央领导集体作出了"向科学进军"的战略决策。

在社会主义过渡时期，毛泽东提出要"在技术上起一个革命"。②

1955年3月，毛泽东在党的全国代表会议上指出："我们进入了这样一个时期，就是我们现在所从事的、所思考的、所钻研的，是钻社会主义工业化，钻社会主义改造，钻现代化的国防，并且开始要钻原子能这样的历史的新时期。"③

在1956年1月召开的全国知识分子问题会议上，周恩来代表党中央做了《关于知识分子问题的报告》，毛泽东在会上发表了讲话。会后，全国形成"向科学进军"的热潮。

同年3月，国务院成立以陈毅为主任的国家科学规划委员会，编制《1956—1967年全国科学发展远景规划》，第一次把国家科学技术政策提上了大政方针的战略高度。④

1961年，中共中央制定了被誉为是中国"科技宪法"的《科研工

---

① 竺可桢：《中国科学的新方向》，《科学》1950年第4期。
② 《毛泽东文集》第六卷，人民出版社1999年版，第316页。
③ 《毛泽东文集》第六卷，人民出版社1999年版，第395页。
④ 《毛泽东年谱》（1949—1976）第二卷，中央文献出版社2013年版，第511页。

作十四条》，着重阐述了党的知识分子政策和科技政策。1963 年，中共中央又制定了第二个科技发展长远规划，即《十年科学规划》（1963—1974）。

"向科学进军"的战略决策，代表了以毛泽东同志为核心的党的第一代中央领导集体对依靠科学技术发展社会生产力的认识。

1963 年 12 月，毛泽东在听取聂荣臻代表中央科学小组汇报十年规划时明确指出：

> "科学技术这一仗，一定要打，而且必须打好。过去我们打的是上层建筑的仗，是建立人民政权、人民军队。建立这些上层建筑干什么呢？就是要搞生产。搞上层建筑、搞生产关系的目的就是解放生产力。现在生产关系是改变了，就要提高生产力。不搞科学技术，生产力无法提高。"①

从中可以看出，毛泽东把科学技术与生产力的发展，与社会主义建设事业的兴旺发达紧密联系起来，对于科技在发展生产力中的作用给予了高度关注。

毛泽东将尖端科技置于新中国科学技术发展的优先位置。新中国成立之初，恶劣的安全环境、迫切的安全需求，与落后的国防科技之间的矛盾异常突出。

在这种情况下，毛泽东认为，"为了保卫祖国免受帝国主义者的侵略，依靠我们过去和较为落后的国内敌人作战的装备和技术是不够的了，我们必须掌握最新的装备和随之而来的最新的战术。"②

---

① 《毛泽东文集》第八卷，人民出版社 1999 年版，第 351 页。
② 《建国以来毛泽东军事文稿》中卷，军事科学出版社 2010 年版，第 108 页。

他回顾中国被侵略的屈辱历史，强调如果不在今后几十年内争取彻底改变我国经济技术远远落后于帝国主义国家的状态，挨打是不可避免的。

为了扭转这一不利局面，毛泽东认为关键要选择一条正确的技术发展道路，即以发展尖端科技为目标的科技创新道路："我们不能走世界各国技术发展的老路，跟在别人后面一步一步地爬行。我们必须打破常规，尽量采用先进技术。"①

对此，毛泽东提出了"重点发展，迎头赶上""自力更生为主，争取外援为辅"等科技发展的主要思想和方针政策。

1956 年制定《十二年科学规划》的出发点，是把世界科学的最先进成就尽可能迅速地介绍到我国来。该规划拟订了包括基础研究、应用研究和发展研究在内的第一批重要发展计划，制定了发展计算技术、半导体技术、自动化技术、无线电技术、核技术、喷气技术等六大紧急措施。这是我国科技发展的一个重要里程碑。

在"向科学进军"的战略下，党中央的高层领导人亲自挂帅领导科学技术发展工作，从国家层面调动各种资源开展科学研究，形成了独具特色的举国体制科研模式，建立起了独立自主的科技体系。

我国在一穷二白的基础上开始了科技发展与创新事业，最终成功研制"两弹一星"，在世界上首次完成人工合成结晶牛胰岛素，在核工业技术、航空航天技术和生命科学等前沿领域达到世界领先水平。

这一战略决策，不但实现了国防工业的跨越式发展，还带动和提升了我国工业化的整体水平，为改革开放后工业现代化的快速发展

①《毛泽东著作选集》下册，人民出版社 1986 年版，第 848—849 页。

奠定了重要的物质基础。

"科技+政治"思想奠定了我国科技建设的基本范式

纵观毛泽东的科学技术观的形成可以发现,他始终把科学技术的发展与国家的政治主题紧密结合在一起,呈现出较明显的"科技+政治"的特征。

毛泽东坚持从政治的高度审视科技,确保科技发展的正确方向,确保利用科技来增进人民群众的利益。

在阅读苏联《政治经济学教科书》时,毛泽东明确指出:"资本主义提高劳动生产率,主要靠技术进步。社会主义提高劳动生产率靠技术加政治。"[①]

无论革命战争年代,还是经济建设时期,毛泽东都是将政治作为保障科技发展方向的指引,指出无论是自然科学还是哲学社会科学,都是"为革命的政治斗争服务的",而各时期科技发展的主题也随着不同时期政治重心的不同而有所变化。

同时,这种政治主导还体现在思想政治工作对科学家的引导,特别强调将马克思主义哲学思想与科研工作相结合。

1957年,毛泽东在中共八届三中全会上提出了"又红又专"的科技人才思想,指出:"政治和业务是对立统一的,政治是主要的,是第一位的,一定要反对不问政治的倾向;但是,专搞政治,不懂技术,不懂业务,也不行。"[②]

在我国第一枚原子弹爆炸成功后,周恩来总理在1965年向参与氢弹研发的科研工作者发出了学习《实践论》《矛盾论》,以辩证唯物

---

① 《毛泽东年谱》(1949—1976)第四卷,中央文献出版社2013年版,第284页。
② 《毛泽东文集》第七卷,人民出版社1999年版,第309页。

主义思想为指导加快氢弹研制的指示。

我国"氢弹之父"于敏在回忆录中自述："我一直以《矛盾论》的'内因是根据,外因是条件,外因通过内因起作用'作为研究工作的指导思想。"①

从总体上看,"科技+政治"的科技发展思想奠定了我国科技建设特别是国防科技发展的基本范式。

在这一范式的指导下,党和政府制定发展规划来动员国内科技资源,从而落实优先发展国家所需要的产业,为我国科技事业全面发展奠定了良好开端。

《关于建国以来党的若干历史问题的决议》中明确指出："我们现在赖以进行现代化建设的物质技术基础,很大一部分是这个期间建立起来的。"

但也要注意的是,在"科技+政治"的模式中,科技发展的走向与成效取决于"政治"的主题。

在毛泽东攀登科技高峰的历程中,当政治意识形态因素的作用方向与科学发展的内在逻辑同一时,科学就会迅猛发展;当意识形态因素的作用方向与科学发展的内在逻辑不一致时,前者就会对后者产生不同程度的消极影响。

这说明,科技的发展既依赖于政治和社会环境,又具有一定的独立性。政治对科技的领导,必须尊重科技发展的客观规律,注重保持科技政策的稳定性和连续性,避免因政治重心转移而使科技政策发生剧烈改变。

---

① 路甬祥主编:《科学的道路》(上),上海教育出版社 2005 年版,第 6 页。

毛泽东喜欢读什么样的书？

书中有天地，熟读知乾坤。

毛泽东常说，"读书是我一生的爱好"。他一生勤奋好学，手不释卷、博览群书。从青少年时代，到革命战争时期，直到临终前一天，毛泽东还在读书。

对于读书的意义，毛泽东曾形象地比喻："有了学问，好比站在山上，可以看到很远很多东西。没有学问，如在暗沟里走路，摸索不着，那会苦煞人。"[1]

---

[1]《毛泽东年谱》(1893—1949)中卷，中央文献出版社2013年版，第109页。

毛泽东在一生中究竟读过多少书,读过哪些书,很难详细地一一统计出来。据有关资料汇集发现,"毛泽东的阅读重点,排在前三位的,是马列、哲学和中国文史"。①

从伟人漫长的读书经历和丰富的读书趣闻中,我们不难了解他在不同的历史时期,喜欢看什么样的书、什么类型的书,进而了解他的思想探索和内心活动。

阅读很多遍的书

"革命重理论,马恩指出早"。

在中国革命和建设探索正确道路的过程中,毛泽东为解决中国革命和建设实践出现的问题而进行探索,急于从马列著作中寻找指导理论,因此他发奋阅读马列书籍。

用他自己的话说:"我因此,到延安就发愤读书。"现在保存下来毛泽东在延安时期读过并写有批注文字的马列著作,就有《共产党宣言》《列宁选集》等书。

《共产党宣言》由马克思、恩格斯合作写于 1848 年,一经问世就震动了世界。毛泽东作为伟大的马克思主义者,作为马克思主义中国化的先驱开拓者,把马列著作放在阅读的首位,是顺理成章的事。

1920 年,毛泽东第一次见到并阅读了《共产党宣言》。当毛泽东从《共产党宣言》中接受并确立了马克思主义信仰后,便义无反顾地走上了中国革命的道路。

在近 60 年的革命生涯中,毛泽东一直不间断地阅读着包括《共产党宣言》在内的马列主义著作。据说,他把多个中文版本放在身

---

① 陈晋:《毛泽东阅读史》,生活·读书·新知三联书店 2014 年版,第 3 页。

边,以便随时阅看。目前,毛泽东读过的中文版本《共产党宣言》保存下来的就有四个。①

在延安时,毛泽东曾对一位同志说过,《共产党宣言》,我看了不下一百遍,遇到问题,我就翻阅马克思的《共产党宣言》,有时只阅读一两段,有时全篇都读,每阅读一次,都有新的启发。

这一百遍的阅读,是为着解决中国革命的理论问题和策略问题的;这一百遍的阅读,是在行军途中的马背上,在烽火硝烟弥漫的战场上,在辛苦劳作短暂休息的间隙,也可能是在风和日丽的建设时期。

除了《共产党宣言》,毛泽东还广泛阅读其他马列书籍。张闻天的夫人刘英回忆说,毛主席在长征路上读马列书很起劲,不说话专心阅读,即使肚子饿了,也不停下来。

为了加强党内的理论学习,他多次向党员、干部推荐阅读马列书籍,指导大家学会使用马克思列宁主义的思想武器。

在党的六届六中全会上,毛泽东曾指出:"如果我们党有一百个至二百个系统地而不是零碎地、实际地而不是空洞地学会了马克思列宁主义的同志,就会大大地提高我们党的战斗力量。"②

1945年,毛泽东向大家推荐要读五本马列主义书,第一本就是《共产党宣言》,第二本是《社会主义从空想到科学的发展》,还有《社会民主党在民主革命中的两种策略》和《共产主义运动中的"左派"幼稚病》等。

他说:"我们可以把这五本书装在干粮袋里,打完仗后,就读他一遍或者看他一两句,没有味道就放起来,有味道就多看几句,七看八看就看出味道来了。一年看不通看两年,如果两年看一遍,十年就

---

① 参见陈晋:《毛泽东阅读史》,生活・读书・新知三联书店 2014 年版,第 63 页。
② 《毛泽东选集》第二卷,人民出版社 1991 年版,第 533 页。

可以看五遍,每看一遍在后面记上日子,某年某月某日看的。"①

书山有路,学海无涯。中华人民共和国成立后,手不释卷的毛泽东深感各级干部理论知识的缺乏,不仅带头读书学习,还多次号召党员领导干部阅读马列著作。

1963 年,他提出阅读马列著作,审定了 30 本马列著作书目。在一次会上,他提出"出版一批马恩列斯的经典著作,供干部阅读,并印一部分大字本"。②

1971 年,毛泽东在审阅关于党的高级干部学习问题的报告时指出,"党的高级干部,不管工作多忙,都要挤时间,读一些马、列的书,区别真假马列主义"③。

不久,中共中央发出经毛泽东审阅的关于高级干部学习问题的通知,列出了 6 本马列著作和毛泽东的 5 篇著作。

很喜欢研讨的书

读书是穿越历史时空的思想回望,是融入历史长河的知识萃取,也是走进书本空间的精神交流。

1936 年,埃德加·斯诺来到陕甘苏区保安时,见到毛泽东并和他长时间对话后写道:

> "毛泽东是个认真研究哲学的人。我有一阵子每天晚上都去见他,向他采访共产党的党史,有一次一个客人带了几本哲学新书给他,于是毛泽东就要求我改期再谈。他花了三四夜的功

①《毛泽东文集》第三卷,人民出版社 1993 年版,第 417—418 页。
②《毛泽东年谱(1949—1976)》第五卷,中央文献出版社 2013 年版,第 235 页。
③《毛泽东年谱(1949—1976)》第六卷,中央文献出版社 2013 年版,第 340 页。

夫专心读了这几本书,在这期间,他似乎是什么都不管了。"①

毛泽东对哲学书籍的渴望是显而易见的,他曾给叶剑英、刘鼎写信说:

> "要买一批通俗的社会科学自然科学及哲学书,大约共买十种至十五种左右,要经过选择真正是通俗的而又有价值的(例如艾思奇的《大众哲学》,柳湜的《街头讲话》之类),每种买五十部,共价不过一百元至三百元。"②

随着中国革命形势的发展,为了更好地指导中国革命实践,回击"狭隘经验论"的错误批判,深入研究解决抗日战争的新情况新问题,毛泽东抓紧点滴时间,阅读研究了中外大量哲学著作。

据郭化若回忆,洛川会议前夕,他去看毛泽东,见到毛泽东办公桌上有一本《辩证法唯物论教程》。他便翻了翻,见开头和其他空白处都有毛泽东的毛笔小字旁批,内容多是谈中国革命路线斗争的经验和教训。③

斯诺采访过他后说,"他读书的范围不限于马克思主义的哲学家,而且也读过一些古希腊哲学",他"是一个精通中国旧学的有成就的学者,他博览群书,对哲学和历史有深入研究"④。

从毛泽东阅读过并保存下来的书籍看,延安时期,毛泽东读过的

---

① 埃德加·斯诺:《西行漫记》,董乐山译,生活·读书·新知三联书店1979年版,第67页。

② 《毛泽东文集》第一卷,人民出版社1993年版,第453页。

③ 参见《郭化若回忆录》,军事科学出版社1995年版,第124页。

④ 埃德加·斯诺:《西行漫记》,董乐山译,生活·读书·新知三联书店1979年版,第65—68页。

哲学著作就有《社会学大纲》《思想方法论》《辩证唯物论与历史唯物论》《辩证法唯物论教程》等。他曾对人说，李达写的《社会学大纲》，他读了 10 遍。

毛泽东把哲学作为研究工具，作为认识和改造世界、总结实践经验、解决现实问题的思想工具。

1939 年，他在给何干之的信中说，"我想搜集中国战争史的材料，亦至今没有着手。我的工具不够，今年还只能作工具的研究，即研究哲学，经济学，列宁主义，而以哲学为主"①。

毛泽东阅读马克思主义哲学著作，很重视研究方法。他读了艾思奇的《哲学与生活》一书后作了摘录，并于 1937 年给艾思奇写信说："你的《哲学与生活》是你的著作中更深刻的书，我读了得益很多，抄录了一些，送请一看是否有抄错的。其中有一个问题略有疑点（不是基本的不同），请你再考虑一下，详情当面告诉。"②

"要领导革命就须要学习。"③他在延安在职干部教育动员大会上讲。

"在延安已经组织的有哲学小组、读书小组等等，而且已经见了功效，从前不懂哲学的人现在懂了一点，不懂马克思主义的现在也懂了一点。""学习运动是会有成绩的"，"要把全党变成一个大学校"④。

在给中央研究组及高级研究组的致信中，毛泽东请大家首先看的材料就有《新哲学大纲》《辩证唯物论教程》等哲学著作。

在熟读哲学著作的基础上，毛泽东坚持理论与实践结合思考，紧

---

① 《毛泽东书信选集》，中央文献出版社 2003 年版，第 123 页。
② 《毛泽东文集》第二卷，人民出版社 1993 年版，第 31 页。
③ 《毛泽东文集》第二卷，人民出版社 1993 年版，第 177 页。
④ 《毛泽东文集》第二卷，人民出版社 1993 年版，第 182 页。

密联系实际开展研究,相继写下了《实践论》《矛盾论》等一系列著名文章,高度凝聚了他读书的哲学思想和心血智慧。

毛泽东曾讲道:"现在,我们已经进入社会主义时代,出现了一系列的新问题,如果单有《实践论》、《矛盾论》,不适应新的需要,写出新的著作,形成新的理论,也是不行的。"①

为此,就需要创造新的理论,撰写新的著作,产生自己的理论家,来为当前的政治服务。

1972 年 2 月,即将访华并在前往北京的飞机上的美国总统尼克松表示,他要同毛泽东谈哲学问题。

在中南海与毛泽东会见时,尼克松说,"主席的著作感动了全国,改变了世界"②。

记忆很深刻的书

少年时期的毛泽东是不喜欢读经书的。

1936 年,毛泽东回忆起少年时说,"我爱看的是中国旧小说,特别是关于造反的故事"③。

在私塾读书时,毛泽东特别喜爱看一些私塾师称为闲书和杂书的书。尽管老师严加防范不让他看,他还是偷着读了《水浒传》《西游记》等小说和故事书。据说,他家附近的书都被他看遍了,他就跑到离家几十里远的湘乡舅舅家和表兄那里借书看。

毛泽东回忆说,那时读过的许多故事书几乎都可以背出来,而且

---

① 《毛泽东文集》第八卷,人民出版社 1999 年版,第 109 页。
② 李捷、于俊道主编:《东方巨人毛泽东》第八卷,解放军出版社 2001 年版,第 192 页。
③ 埃德加·斯诺、董乐山译:《西行漫记》,生活·读书·新知三联书店 1979 年版,第108 页。

还与同学反复讨论过许多次。他自认为,这些书大概对他影响很大,因为是在容易接受的年龄里读的。

后来,13岁的毛泽东离开学堂回到家,白天在地里干活,晚上替父亲记账,但他仍坚持读书。只要是能找到的除经书之外的书,他都废寝忘食地阅读。

当毛泽东读了清末改良主义者郑观应的《盛世危言》一书时,激起了他恢复学业的愿望。

多年后,毛泽东回忆这段经历时说:"也就在这个时期,我开始有了一定的政治觉悟,特别是我读了一本关于瓜分中国的小册子以后。"①

毛泽东曾对斯诺说,我读了以后,开始意识到,国家兴亡,匹夫有责。这本小册子对毛泽东震动很大,以致近20年后,毛泽东仍能记忆犹新。

也就是从那时起,毛泽东对国家的前途命运深感担忧,开始强烈地意识到努力救国是每一个中国人的责任。

爱看中国文史书籍,是毛泽东从小养成的阅读习惯,也是毛泽东此后在求学以及长期革命生涯中喜欢读的书。

1964年,毛泽东在北戴河同几位哲学工作者谈话时说,《红楼梦》至少读了5遍。据说,在毛泽东卧室里放有20多种不同装订版本的《红楼梦》。20世纪70年代,他就先后要过12种版本的《水浒传》阅读。

对于中国古书,毛泽东几乎无所不读。1952年,他有了一部大字本的《二十四史》,很快作了通读,并写下了内涵丰富的大量批注。

---

① 张素华、张鸣主编:《领袖毛泽东》,中央文献出版社2004年版,第18页。

1962 年 9 月到年底,毛泽东还阅读了《宋史》《元史》等书。

毛泽东建议党员干部要多读书,多研究中国的历史。

1941 年在延安干部大会上,毛泽东作《改造我们的学习》报告时讲道:"不论是近百年的和古代的中国史,在许多党员的心目中还是漆黑一团。许多马克思列宁主义的学者也是言必称希腊,对于自己的祖宗,则对不住,忘记了。"①

他还说,有的同志对于自己的历史一点不懂,或懂得甚少,不以为耻,反以为荣。"延安的人要通古今,全国的人要通古今,全世界的人也要通古今,尤其是我们共产党员,要知道更多的古今。通古今就要学习。"②

为了推动研究历史,他组织学者编写了《中国革命与中国共产党》著作,还提议写一部供干部学习的历史读本。因为读历史是智慧的事,只有讲历史才能说服人,马克思主义者是善于学习历史的。

多年以后,他对访华的一些国家和地区的代表谈话时说:"我们看历史,就会看到前途。"③

因为刻苦读书、博览群书,毛泽东在宣传解释党的政策,谈论对中国革命的理解认识时,常常能够信手拈来借用家喻户晓的经典故事,特别是对流传甚广的中国古典小说进行阐释。

在毛泽东的著作或讲话中,或者他与别人谈话时,多次引用《三国演义》《水浒传》等书里的故事情节和人物形象,以及其他古诗词的精彩段句。

在党的七大上的口头政治报告中,毛泽东用《红楼梦》里的人物

---

① 《毛泽东选集》第三卷,人民出版社 1991 年版,第 797 页。
② 《毛泽东文集》第二卷,人民出版社 1993 年版,第 177 页。
③ 《毛泽东文集》第八卷,人民出版社 1999 年版,第 385 页。

故事比喻斗争的软弱性；在解释知识分子概念时，毛泽东说《三国演义》里那个穿八卦衣拿鹅毛扇的人就是知识分子；在上海干部会议上讲到干部与群众问题时，毛泽东还用刘备得了孔明，比喻领导与群众之间的鱼水关系。

毛泽东以特有的思维逻辑和独特的风趣语言，达到了简洁通透、机智幽默、生动形象的突出效果。

读书越多，获得的知识营养越丰厚。通过阅读文史书籍，毛泽东开阔了战略视野，涵养了宏大气度，陶冶了博大胸襟。他在阅读学习中，批判地继承中国古代文化，充分利用中国文化遗产的水平，达到了古为今用的惊人高度。

仅在创作诗词方面，他就受到人们的广泛赞颂。

柳亚子读了《沁园春·雪》后赞叹道："才华信美多娇，看千古词人共折腰。"

1957 年，刚创刊的《诗刊》公开发表了毛泽东的 18 首旧体诗词，在国内外引起了巨大震撼。

为搞军事读的书

毛泽东是中国人民解放军的主要缔造者。在长期的革命斗争中，他阅读了大量军事著作，并撰写了《中国革命战争的战略问题》等军事著作。

1964 年，毛泽东同北京大学副校长周培源等谈话时说：

> "我读了六年孔夫子的书，上了七年学堂……我搞过国民革命军政治部的宣传工作，在农民运动讲习所也讲过打仗的重要，可就是从来没有想到自己去搞军事，要去打仗。后来自己带

人打起仗来,上了井冈山……总结了十六个字的打游击的经验:'敌进我退,敌驻我扰,敌疲我打,敌退我追'。"①

革命战争年代,拼命地读书,广泛阅读军事书籍,总结积累战争经验,探索找准指导中国革命实践的军事理论,对于毛泽东是十分急用的。

1936 年,他在给叶剑英、刘鼎的信中说:"买来的军事书多不合用,多是战术技术的,我们要的是战役指挥与战略的,请按此标准选买若干。买一部《孙子兵法》来。"②

1938 年春,毛泽东开始阅读《战争论》,"务把军事理论问题弄出个头绪"③。不久,在延安的窑洞里,毛泽东约了 10 来个人,采取边读边议的方法,定期组织阅读《战争论》。

这年 11 月,毛泽东写出了《战争和战略问题》著作,提出要"注意研究军事问题",因为"研究军事的理论,研究战略和战术,研究军队政治工作,不可或缓"。④

毛泽东不仅注重研究外国军事理论,也很注意吸收中华优秀传统文化,善于借鉴古今中外军事斗争的丰富经验。

他善于从《三国演义》《水浒传》和《左传》《资治通鉴》等文史书籍中,汲取打仗故事的斗争原理和军事知识。例如在《论持久战》中,他就列举了中国古代大量的战例材料。

在读《三国志》时,毛泽东对书中记载的很多战役也作了分析,

---

①　《毛泽东文集》第八卷,人民出版社 1999 年版,第 392—393 页。
②　《毛泽东文集》第一卷,人民出版社 1993 年版,第 453 页。
③　参见陈晋:《毛泽东阅读史》,生活·读书·新知三联书店 2014 年版,第 89 页。
④　《毛泽东选集》第二卷,人民出版社 1991 年版,第 554 页。

并对书中的一些错误作出订正。

1960 年，毛泽东同部分亲属和身边工作人员回忆时说，"到陕北，我看了八本书，看了《孙子兵法》，看了克劳塞维茨的书"，"还看了苏联人写的论战略、几种兵种配合作战的书等等"①。

这对于毛泽东总结中国革命战争的经验，起到了很大的帮助作用。

最后仍在读的书

毛泽东常说："饭可以一日不吃，觉可以一日不睡，书不可以一日不读。""尝读诗书，颇立志气。"②

毛泽东读书是向知识的"进攻"，也是在同时间赛跑。青少年时期，他就已经"从早到晚，读书不休"。

《容斋随笔》是毛泽东比较喜欢阅读的书。无论是在革命战争年代，还是和平建设时期，毛泽东多次阅读这部书。

1976 年 8 月的一个晚上，重病在身的毛泽东已不能下床行走了，却提出要看《容斋随笔》。

根据相关资料记载，毛泽东这次要书后不久，病情进一步恶化。数天后，《容斋随笔》成了毛泽东看过的最后一本书。1976 年 9 月 8 日，是毛泽东临终前的最后读书时间。③

毛泽东的一生，是读书学习的一生，真正做到了活到老、读书到老。

---

① 《毛泽东年谱(1949—1976)》第四卷，中央文献出版社 2013 年版，第 504 页。

② 《毛泽东早期文稿》，湖南人民出版社 2008 年版，第 55 页。

③ 参见龚育之、逄先知、石仲泉：《毛泽东的读书生活》，生活·读书·新知三联书店 2010 年版，第 16 页。

如何认识和评价毛泽东的哲学智慧？

　　毛泽东的哲学思想，在现代社会的飞速发展下，常常被视为一个知识考古学的对象。然而，每当世界地缘政治发生重大变化、国内社会经济环境出现挑战时，许多人又会回到毛泽东哲学思想中去寻找指导现实的智慧。

　　毛泽东的哲学，作为马克思主义哲学首个完整的中国形态，找到了行之有效且符合中国气派的道路，使哲学真正成为无产阶级和人民群众认识世界和改造世界的锐利武器。

"解释世界"与"改变世界"的统一

自柏拉图以来，哲学家们大多专注于追求形而上的理念世界。真实的生活世界，则成为永恒本质的一时影像，以至于"现实世界是观念世界的产物"①。

形而上学凝练出超验的概念，真实的生活世界，始终屹立于理念世界之外。理想与现实、应然与实然、解释世界与改变世界之间，始终存在着张力。

马克思主义哲学的革命性，在于它既不是浪漫式的批判也不是乌托邦式的幻想，而是在批判旧世界的过程中发现并用以推动新世界诞生的哲学。正如马克思所言："哲学家们只是用不同的方式解释世界，问题在于改变世界。"②

无论是马、恩还是此后的列宁，都没有对"解释世界"与"改变世界"的关系问题进行系统概述。毛泽东的哲学智慧，体现在他贯通了衔接"应然"与"实然"的道路。

在《实践论》中，毛泽东提出了"实践、认识、再实践、再认识"的认识论公式，并在《矛盾论》中提出用"具体问题具体分析"的方式把握矛盾的普遍性与特殊性。

站在中国革命与建设实践的立场上，毛泽东用他的哲学智慧打通了衔接应然与实然的道路，解决了在一个半封建、半殖民地国家如何实现新民主主义革命、走向现代性社会的问题，实现了"解释世界"与"改变世界"的统一。

毛泽东将哲学，凝结为人的主观思想通达于世界的认识论问题。

---

① 《马克思恩格斯文集》第 1 卷，人民出版社 2009 年版，第 510 页。
② 《马克思恩格斯文集》第 1 卷，人民出版社 2009 年版，第 502 页。

"什么叫哲学？哲学就是认识论。"①而实践则构成了人与世界相衔接的中介："实践的观点是辩证唯物论的认识论之第一的和基本的观点。"②

毛泽东对实践的讨论，是将其归于一种与生活直接相关的现实态度。在他看来，人不是单纯的认知主体而是实践主体，认识并非独立于实践，而是内在于实践之中。

"人的社会实践，不限于生产活动一种形式，……社会实际生活的一切领域都是社会的人所参加的。"③因此，解释世界与改变世界、认识与实践并非相互隔绝的。理论认识内生于实践之中，只有通过实践才能证明自身的存在。

基于对认识与实践关系的认识，毛泽东总结出"辩证唯物主义的全部认识论"，也就是"辩证唯物主义的知行统一观"，即"实践、认识、再实践、再认识，这种形式，循环往复以至无穷，而实践和认识之每一循环的内容，都比较地进到了高一级的程度"④。

通过将人的认识过程内化于实践过程的方式，毛泽东巧妙缓和了"解释世界"与"改变世界"之间的理论张力。人们通过实践领会世界中的种种特殊性，并从这些特殊性中抽象出具有普遍意义的认识，而这些具有普遍性的认识若想确证自身的真理性，就必须通过实践再次进入充满特殊性的世界中。

毛泽东还以"实事求是"的哲学品格，实现了解释世界与改变世界的统一。

① 《毛泽东文集》第八卷，人民出版社 1999 年版，第 390 页。
② 《毛泽东选集》第一卷，人民出版社 1991 年版，第 284 页。
③ 《毛泽东选集》第一卷，人民出版社 1991 年版，第 283 页。
④ 《毛泽东选集》第一卷，人民出版社 1991 年版，第 296—297 页。

　　"改变世界"的命题在奠定了哲学实践转向的同时，也带来了两者之间关系的问题。究竟是改变世界应当以解释世界为遵循，还是人们为了改变世界可以抛弃理论，或用附会的理论为实践铺路？

　　如果是前者，那么实践依旧是理念世界的镜像，最终的结果是形而上学的机械论。如果是后者，那么理论便很容易沦为主观意志的婢女，最终滑向主观唯心主义。

　　对此，毛泽东给出了"实事求是"的解决方案。

　　实事求是，强调人的主观能动性与社会历史规律性有机、辩证的结合。"'实事'就是客观存在着的一切事物，'是'就是客观事物的内部联系，即规律性，'求'就是我们去研究。"①

　　实事求是，一方面要求人们对事物的发展现状进行深入的调查研究，另一方面要求人们在此基础上探究事物发展背后的规律。

　　任何理论，包括实践的、以开放性著称的马克思主义，在其一定的发展阶段都会呈现为一个封闭的"体系"来保证逻辑链条的自洽。而一旦将这种体系无差别地用于实践，就会导致教条主义或本本主义的滋生，"千篇一律地使用一种自以为不可改变的公式到处硬套"。②

　　毛泽东则认为，只有源于实践并指向实践的哲学才是真正的马克思主义哲学。

　　无论一种理论的"本相"是怎样的，它都必须通过其具体的出场形态展现出来。马克思主义之"应然"，必须在中国的革命与建设之"实然"中才能展现出来。不仅仅是将解释世界的基本原理简单应用于改变世界的实践中，而是只有在改变世界的实践中，人们对世界

---

① 《毛泽东选集》第三卷，人民出版社 1991 年版，第 801 页。
② 《毛泽东选集》第一卷，人民出版社 1991 年版，第 311 页。

的解释才能获得现实性。

这种将解释世界与改变世界相统一的哲学品格,正是"实事求是"的精髓所在。

从"马克思主义在中国"到"中国的马克思主义"

毛泽东不仅运用马克思主义基本原理解决中国的实际问题,而且对马克思主义基本原理本身进行了中国化改造。

毛泽东之所以能够通达应然与实然的道路,在于他能将马克思主义的理论智慧,转变为能够被普通老百姓学到、用到的实践智慧,实现从"马克思主义在中国"到"中国的马克思主义"的转变。

任何一种哲学思想的确立和发展,都是基于时代问题的反思和探索。马克思恩格斯在 19 世纪面对的是以英国为代表的成熟的资本主义现代性社会,而毛泽东所面对的则是一个在现代性的冲击下积贫积弱的中国。

如果说马克思恩格斯的"改变世界"侧重于摧毁旧世界,那么毛泽东则是以中华民族为中心来建立一个"新世界"。马克思主义理论的内在要求和它在中国面临的现实状况,决定了马克思主义必须在中国的实践中重新出场。

对此,毛泽东指出:"马克思主义必须和我国的具体特点相结合并通过一定的民族形式才能实现。……洋八股必须废止,空洞抽象的调头必须少唱,教条主义必须休息,而代之以新鲜活泼的、为中国老百姓所喜闻乐见的中国作风和中国气派。"[1]

毛泽东将马克思主义这一原本深植于西方历史文化传统的哲

① 《毛泽东选集》第二卷,人民出版社 1991 年版,第 534 页。

学,在东方的土地上以新的形式展现出来,形成了一种具有鲜明中国风格和中国特色的马克思主义哲学。

他运用中国传统哲学,对马克思主义基本原理进行创造性的语境转换,使源自西方的马克思主义与中华文化融为一体。他采用了符合中国人的语言习惯与思维方式的话语形式,对马克思主义基本原理进行重新阐述,建构了"实事求是""调查研究""具体问题具体分析"等具有中国风格的哲学方法。

在《实践论》中,毛泽东将"知"与"行"这对中国哲学的基本范畴进行马克思主义改造,使之化为"认识"与"实践",从而使实践论既反映了中国传统的知行观,又契合了马克思主义认识论。

在《矛盾论》中,他以中国人熟悉的"矛盾"一词,通俗地解释对立统一规律这一辩证法的核心思想。

毛泽东还以"新陈代谢"一词,形象地表达了这一历史辩证法的普遍法则:"社会的变化,主要地是由于社会内部矛盾的发展,……由于这些矛盾的发展,推动了社会的前进,推动了新旧社会的代谢。"①

毛泽东对马克思主义基本原理的语境转化,实现了中西文化的交流融合,开启了中国哲学的现实转向。

任何理论体系都有其回应的特定时代主题,而毛泽东哲学思想所面对的首要主题就是国家的独立与民族的解放。

他围绕中国革命与战争问题所展开的军事哲学论述,是马克思主义哲学中国化的光辉范例。除《实践论》《矛盾论》等专题性的哲学论述外,毛泽东的哲学观点更多散见于他关于革命与战争问题的

---

① 《毛泽东选集》第一卷,人民出版社1991年版,第302页。

讨论中。

毛泽东将中国革命的战争问题上升至"战略"的全局高度,将战争从战役、战术层面军事学问题引向了哲学范畴。

他自觉运用辩证唯物主义认识论的基本原理,从普适性的"一般战争的规律"出发,在战争实践之中将这些规律融入中国的革命实际之中,进而发现"中国革命战争的规律",并对战争的本质、目的、性质等一系列战争观基本问题进行了诠释。

与《孙子兵法》《战争论》等仅将战争单纯视为反思对象的军事哲学著作不同,毛泽东的军事哲学著作大多是在中国革命战争的实践过程中完成的。这种兼具理论家与实践家的双重品格,使毛泽东既将战争作为反思的对象,也将其视为主体参与的事业。

在他看来,"学习和认识的对象,包括敌我两方面,这两方面都应该看成研究的对象,只有我们的头脑(思想)才是研究的主体"[1]。人作为战争的认识主体与实践主体,身处于战争的"大海"之中,在战争实践中领悟战争的规律,并利用这种规律赢得最终的胜利。

如他所说,"指挥员在战争的大海中游泳,他们不使自己沉没,而要使自己决定地有步骤地达到彼岸。指导战争的规律,就是战争的游泳术"[2]。

这种将战争本体与战争指导规律相统一的哲学风格,使毛泽东的军事辩证法思想产生了极高的实践价值。

从应然到实然:毛泽东"实事求是"的哲学智慧

习近平总书记评价称,"毛泽东同志就是一位伟大的哲学家、思

---

[1] 《毛泽东选集》第一卷,人民出版社 1991 年版,第 182 页。

[2] 《毛泽东选集》第一卷,人民出版社 1991 年版,第 183 页。

想家、社会科学家"①。

"实事求是"作为马克思主义中国化的经典公式,也是我们重新审视毛泽东的哲学智慧时需要把握的基本态度。毛泽东的哲学智慧,构成了他历史功勋的思想准基,是中国共产党能够从胜利走向胜利的精神力量。

在中国革命和建设的实践过程中,毛泽东坚持运用马克思主义的立场、观点和方法,观察分析时代特征,把握世界发展大势,准确判断中国国情,积极回应时代挑战,领导中国革命和建设不断取得胜利。

"任何真正的哲学都是自己时代精神的精华。"②毛泽东的哲学思想,作为马克思主义哲学中国化的第一次历史性飞跃,对马克思主义基本原理作出了中国式表达和概括,"为党和人民事业发展提供了科学指引"③。

同时,任何哲学作为时代精神的精华,都有其回应的特定时代主题。我们既不能将毛泽东的一些明显具有时代特征的论述不加区分地应用于所有时代,又不能将毛泽东尚未面对过的时代主题强加于其哲学思想中,进而贬低其理论贡献。

毛泽东的哲学并不是传统的思辨式哲学,而是兼具解释世界与改造世界特质的实践哲学。

自学生时代起,毛泽东就善于从哲学高度探寻现象的本质。他在 1917 年给黎锦熙的信中指出,中国近代以来各方各界为了救亡图

---

① 习近平:《在哲学社会科学工作座谈会上的讲话》,人民出版社 2016 年版,第 2—3 页。

② 《马克思恩格斯全集》第 1 卷,人民出版社 1956 年版,第 121 页。

③ 《中共中央关于党的百年奋斗重大成就和历史经验的决议》,《人民日报》2021 年11 月17 日。

存所采取的变法运动,都无法从根源上解决问题。"今日变法,俱从枝节入手,如议会、宪法、总统、内阁、军事、实业、教育,一切皆枝节也"。

只有追问"大本大源"的哲学,才是开启民智,实现民族复兴的思想前提。"当今之势,宜有大气量人,从哲学、伦理学入手,改造哲学,根本上变换全国之思想。"①

毛泽东始终摒弃学院式、体系化的"烦琐哲学",始终提倡"抓活的哲学",要"让哲学从哲学家的课堂上和书本里解放出来"。② 他极少引述马、恩、列、斯等人的原文原句,也比较反感一些报纸直接引述自己说过的话。

毛泽东把哲学从书斋拉回到现实生活,让哲学为现实的实践活动提供理论指导。例如,在《关于领导方法的若干问题》中,他就提出了诸如"一般和个别相结合""领导和群众相结合"这类兼具哲学特质与实践价值的工作方法。③

这种实践性,使毛泽东的哲学既能把握时代的思想脉搏,又能引领时代的发展方向,始终保持着旺盛的生命力。

自毛泽东始,中国共产党的各届领导集体自觉地坚持把马克思主义哲学与中国的实际问题相结合,并以不断创新发展的中国化的马克思主义哲学作为基本信条。

从当代马克思主义哲学话语体系的建构来说,回归生活实践也具有相当的实践指导意义。尤其是在当前哲学社会科学为保持自身纯洁性而不断构筑学术壁垒,一些专家因脱离现实而成为"砖家"的

---

① 《毛泽东早期文稿》(1912.6—1920.11),湖南人民出版社 2008 年版,第 73—75 页。
② 《毛泽东年谱(1949—1976)》第五卷,中央文献出版社 2013 年版,第 303、225 页。
③ 《毛泽东选集》第三卷,人民出版社 1991 年版,第 897 页。

背景下，重思毛泽东的哲学智慧有着特殊的时代价值。

毛泽东晚年的错误并非源于其哲学方法论本身，而是由于他没有正确践行"实事求是"的路线。

世界上最遥远的距离莫过于"应然"与"实然"的差距。由于他在尚未对实际情况通盘了解的情况下过早地作出决策，以至于一些政策"明显地脱离了作为马克思列宁主义普遍原理和中国革命具体实践相结合的思想"。

在1961年广州的中央工作会议上他坦陈，中央在一些政策上的失误，正是源于对调查研究的忽视。他说：

> "这几年出现的高指标等问题，总的责任当然是我负，因为我是主席。我的责任在什么地方呢？为什么到现在才提倡调查工作呀？为什么早不提倡呢？而且我自己也没有下去。"①

如何平衡应然与实然、理想与现实、解释世界与改变世界的张力，始终是国家与社会在前进道路上需要面对的重要问题。毛泽东以其高超的哲学智慧，向我们指明了"实事求是"这条出路。

然而，在现实生活中如何才能真正做到对事物的通盘把握，既不被理论体系构建的美好愿景所迷惑，也不被强烈的主观意志冲昏头脑，这是人们需要认真思考的。

---

① 《毛泽东文集》第八卷，人民出版社1996年版，第261—262页。

如何体悟毛泽东诗词中的革命情怀？

毛泽东是一位独领风骚的伟大诗人。

他一生创作了 100 多首古体诗词，记录下人间正道的沧桑。

毛泽东诗词景象壮阔、气魄雄伟，寓意深刻、意境高远，反映出远大的革命理想、宏伟的政治抱负及深厚的家国情怀。

从"粪土当年万户侯"到"久有凌云志"，诗词中蕴含刚正不阿、志存高远的精神风骨

"久有凌云志，重上井冈山。"

这是 72 岁高龄的毛泽东，对半个多世纪来投身革命的追忆和袒露。

从青少年起，毛泽东就胸有抱负、顶天立地，壮怀激烈、奋发图强。

1906 年，毛泽东即兴写了《井赞》一诗："天井四四方，周围是高墙。青青见卵石，小鱼囿中央。只喝井里水，永远长不长。"借这首小诗，表达了他对旧式教育的不满，以及对更宽广天地的向往。

此后几年，毛泽东意识到中国处于内忧外患中，激发了忧国忧民的爱国之情，开启了为救国救民而寻求真理的革命之路。

1910 年秋，17 岁的毛泽东毅然走出韶山，前往湘乡县立东山高等小学堂就读。临行前，他改写了一首诗《七绝·呈父亲》，夹在父亲的账簿里。在当年的一次考试中，他还写下《七绝·咏蛙》："独坐池塘如虎踞，绿杨树下养精神。春来我不先开口，哪个虫儿敢做声？"

这两首诗，表达了少年毛泽东的宏图大志和敢为天下先的勇气。

1925 年秋，毛泽东从长沙去广州主持农民运动讲习所之前，重游橘子洲头。触景生情，毛泽东联想起当时风起云涌的革命形势，写下了《沁园春·长沙》一诗，发出了关乎国家前途命运的仰天长问："怅寥廓，问苍茫大地，谁主沉浮？"

这一面对历史长空的感叹，问出了伟人的雄心壮志。

未来谁将主宰国家的命运？是那些蔑视反动统治者、敢于"到中流击水，浪遏飞舟"的奋勇进取者。

2013 年 12 月 26 日，习近平总书记在纪念毛泽东诞辰 120 周年座谈会上，谈到青年毛泽东的远大志向时讲道："年轻的毛泽东同志，'书生意气，挥斥方遒。指点江山，激扬文字'，既有'问苍茫大地，谁主沉浮'的仰天长问,又有'到中流击水,浪遏飞舟'的浩然壮气。"①

回望走过的路,毛泽东一路从韶山冲走来,深感农民的艰辛,痛感民族的苦难,直感阶级矛盾的尖锐,胸中不断升腾起"改造中国与世界"的宏大抱负。

从此,他把万里江山装进胸怀,义无反顾地投身到为民族求独立、为人民求解放的革命洪流中去。

从"欲与天公试比高"到"天翻地覆慨而慷",诗词中充盈改天换地、重整河山的英雄气概

从"山头鼓角相闻"的井冈山,"天高云淡"的六盘山,"横空出世"的昆仑山,到"一山飞峙大江边"的庐山,毛泽东的足迹踏遍万水千山。

他不仅关注中国的前途,也关注世界的未来;不仅关心中国人民的疾苦,也关心世界人民的福祉。在改造中国与世界的进程中,毛泽东的诗词展示了叱咤风云的领袖风范和力挽狂澜的英雄气概。

1935年10月,中央红军即将到达陕北。登上岷山峰顶,毛泽东远望苍茫的昆仑山脉,豪情满怀,有感而作《念奴娇·昆仑》。

这首诗歌,词作雄浑,气势磅礴,既有对现实巍峨、雄伟昆仑山的真实描写,又有浪漫主义"飞起玉龙三百万"的丰富想象。

其中,"安得倚天抽宝剑,把汝裁为三截?一截遗欧,一截赠美,一截还东国",总揽祖国河山和整个人类世界,抒发实现"太平世界,环球同此凉热"的理想,展现出一代革命家睥睨古今、纵横捭阖的博大胸怀。

---

① 《十八大以来重要文献选编》上,中央文献出版社2014年版,第688页。

1936年2月7日,毛泽东登临清涧县高家坬塬察看地形。皑皑白雪下的黄土高原,群山如带,大河如龙。

面对银装素裹的大好河山,毛泽东视通万里、思接千载。返回袁家沟村驻地,他即在村民白育才家窑洞的土炕上,挥笔写就千古名篇《沁园春·雪》。

"北国风光,千里冰封,万里雪飘。望长城内外,惟余莽莽;大河上下,顿失滔滔。山舞银蛇,原驰蜡象,欲与天公试比高。"唯胸怀博大才能看见广阔天地,唯气魄雄伟才能写出磅礴山河。

"须晴日,看红装素裹,分外妖娆"。字里行间,透露出扭转乾坤的英雄气魄。

祖国如此美丽,"引无数英雄竞折腰"。可惜的是,受到历史和阶级的局限,秦皇、汉武、唐宗、宋祖、成吉思汗诸辈,只能"略输文采""稍逊风骚"。

历史的烟尘滚滚而去,谁可堪称风流人物呢？ 谁有资格评述千秋功过呢？

"俱往矣,数风流人物,还看今朝。"要实现民族独立、人民解放和国家富强,终归要靠先进理论武装起来的中国共产党人和广大人民群众。

至此,毛泽东将中国共产党人的远大抱负抒发得淋漓尽致。

1949年4月23日,南京解放。

捷报传到北平香山,毛泽东提笔写下了雄壮有力的《七律·人民解放军占领南京》。

"钟山风雨起苍黄,百万雄师过大江。虎踞龙盘今胜昔,天翻地覆慨而慷。"在中国革命胜局即将大定的历史巨变关头,毛泽东指挥百万雄兵渡过长江席卷南京,奏响了新中国成立的序曲。

"宜将剩勇追穷寇,不可沽名学霸王。"在革命形势根本转折之际,毛泽东号召迅速向全国进军,推翻压在中国人民头上的三座大山,将革命进行到底。

1949 年 10 月 1 日,新中国成立了。"百年魔怪舞蹁跹,人民五亿不团圆"的悲惨状况结束了。

"一唱雄鸡天下白",道尽了人民摆脱艰难困苦、迎来胜利曙光的喜悦心情,象征着新中国阳光普照朗朗乾坤的新气象。

江山初定,百废待兴。

1954 年夏,新中国第一个五年计划建设正如火如荼。毛泽东于北戴河海滨,挥毫写下《浪淘沙·北戴河》。

"往事越千年","萧瑟秋风今又是,换了人间",让人感受到一种强烈的豪迈激情,表现了毛泽东对于新中国社会主义改造与建设的信心。

从新中国成立到 1956 年,经历三年恢复和"三大改造"时期,实现了由新民主主义社会到社会主义社会的过渡,社会主义制度由此确立。

作为社会主义建设的奠基人和领路人,毛泽东从不沉迷既有成就。短暂"宽馀"过后,他又开始谋划新的征程。《水调歌头·游泳》是最好的注脚。

"一桥飞架南北,天堑变通途。"诗中描写了当年正在建设的武汉长江大桥,热情讴歌赞颂了社会主义建设伟大成就。

与此同时,他又以浪漫主义手法描绘出一幅"更立西江石壁,截断巫山云雨,高峡出平湖"的宏伟远景,擘画了长江未来的建设蓝图。

"为有牺牲多壮志,敢教日月换新天。"

1959 年 6 月，毛泽东回到阔别 32 年的故土。他感触轰轰烈烈的社会主义建设形势，感慨扭转乾坤、改天换地的沧桑巨变，写下《七律·到韶山》。

1965 年 5 月，毛泽东重上井冈山。

38 年弹指一挥间，盘桓井冈山巅的毛泽东禁不住思绪万千，赋词《水调歌头·重上井冈山》。

从这首词中，可以看到毛泽东的潇洒雄奇、凌云壮志。

"千里来寻故地，旧貌变新颜。"虽然当年立下的天下抱负早已实现，但更要"可上九天揽月，可下五洋捉鳖，谈笑凯歌还"。

毛泽东的革命家豪情，由此可见一斑。

从"不到长城非好汉"到"敢教日月换新天"，诗词中体现矢志不渝、奋斗到底的顽强意志

"与天奋斗，其乐无穷；与地奋斗，其乐无穷；与人奋斗，其乐无穷。"

这首《四言诗·奋斗》，出自毛泽东1917 年至 1918 年的日记中。它既是诗人自励的人生箴言，更是他在革命道路上排除千难万险的生动写照。

正如尼克松在《领袖们》一书中写道："无论人们对毛有怎样的看法，谁也否认不了他是一位战斗到最后一息的战士。"

"茫茫九派流中国，沉沉一线穿南北。烟雨莽苍苍，龟蛇锁大江。黄鹤知何去？剩有游人处。把酒酹滔滔，心潮逐浪高！"

这首《菩萨蛮·黄鹤楼》，写于 1927 年。当时，蒋介石窃取北伐胜利果实，并露出打压中国共产党的迹象。而党内妥协退让的倾向，也使大家对革命存有迷茫。

对此，毛泽东并没有消极悲观，而是"把酒酹滔滔，心潮逐浪高"。他崇高的革命理想，要像这江水一样一浪高过一浪，矢志不渝，百折不挠，愈加坚定。

尔后，从"直下龙岩上杭""直指武夷山下"，到"敌军围困万千重，我自岿然不动""六月天兵征腐恶，万丈长缨要把鲲鹏缚"，毛泽东领导发动秋收起义，引兵井冈山，创建了革命根据地。

长征是一首艰苦卓绝的史诗。

面对人生和中国革命最艰难困苦的生死关头，毛泽东把西风凛冽，大雁嘶鸣，霜花遍地，残月高悬，当作黎明前的黑暗；把崎岖不平的山路，细碎杂乱的马蹄，时断时续的军号，时强时弱的战斗，当作冲破黎明前黑暗的前奏。

《十六字令三首》写道："山，刺破青天锷未残。天欲堕，赖以挂其间。"诗中，毛泽东俨然把山比喻成中国共产党人的人格化身。寓意每当国家出现危亡，人民出现危难时，共产党人总是挺身而出、迎难而上。

1935 年 2 月 25 日凌晨，军委下达作战命令：冲过娄山关，再占遵义城。

28 日傍晚时分，毛泽东来到云海苍茫的娄山关。他情怀激荡，感慨万端，挥笔写就不朽诗篇《忆秦娥·娄山关》："西风烈，长空雁叫霜晨月。霜晨月，马蹄声碎，喇叭声咽。雄关漫道真如铁，而今迈步从头越。从头越，苍山如海，残阳如血。"

这首词，生动擘画了红军貌视一切困难的行为，传神抒写了红军跨越一切雄关险隘的壮志。

1935 年 10 月 7 日，红军在宁夏六盘山青石嘴击败前来堵截的敌骑兵团，并于当天下午一鼓作气翻越六盘山。

面对壮美绚丽的秋景画，回首画上圆满句号的二万五千里长征，毛泽东一抒胸臆，写下《清平乐·六盘山》："天高云淡，望断南飞雁。不到长城非好汉，屈指行程二万。六盘山上高峰，红旗漫卷西风。今日长缨在手，何时缚住苍龙？"

词作昂扬高亢、豪迈欢腾，表达了红军将士勇往直前的钢铁意志和抗战必胜的坚定信念，是一首在战斗中前进的胜利曲，是一篇振奋人心激扬斗志的宣言书。

1961 年前后是新中国的艰难岁月，国内外环境极其险恶严酷。

在同敌对势力进行艰苦卓绝斗争的日子里，毛泽东于 1961 年写下《卜算子·咏梅》一词，1962 年 12 月 26 日 69 岁生日之际又作《七律·冬云》。

"已是悬崖百丈冰，犹有花枝俏"，"独有英雄驱虎豹，更无豪杰怕熊罴"。这些诗句，热情讴歌了人民群众战天斗地、昂扬向上的精神风貌。

从"战地黄花分外香"到"乱云飞渡仍从容"，诗词中尽显淡定自信、昂扬向上的乐观心态

"倒海翻江卷巨澜"，"乌蒙磅礴走泥丸"……乐观的气质、洒脱的风度，是毛泽东诗词的又一个显著特点。

在艰苦卓绝的革命征程、斗争实践中，无论是革命高涨、人生顺风时期，还是革命遭到挫折、人生困窘时刻，毛泽东总能从容不迫傲视万物，坚定沉着勇往直前，以乐观心态和必胜信念激发出无穷力量，带领全党、全军和全国各族人民阔步前行。

"人生亦老天难老，岁岁重阳。今又重阳，战地黄花分外香。"

《采桑子·重阳》一词，是毛泽东被迫离开红四军领导岗位，到

后方"休息养病"期间,在汀江边的临江楼倚楼远眺时吟成的。

这首创作于逆境中的作品,虽有沉郁的思索,但全然不见怨天尤人、消沉郁闷的牢骚与哀叹。

"赤橙黄绿青蓝紫,谁持彩练当空舞?""装点此关山,今朝更好看。"这首《菩萨蛮·大柏地》,是毛泽东受王明"左"倾冒险主义路线排斥,被免去红一方面军总政治委员职务,1933年夏重返大柏地面对昔日战场,触景生情写下的。

全诗一扫秋天衰颓萧瑟之气,以壮阔绚丽的诗境、昂扬振奋的激情,唤起人们为理想而奋斗,充分体现了作者在"郁闷"心境下乐观的情怀。

"踏遍青山人未老,风景这边独好。"这首《清平乐·会昌》,是1934年7月23日清晨,毛泽东登上会昌山顶峰,归来后写下的。

此时,毛泽东的最后一个实际职务被剥夺,处于人生的最低谷。正如他在"自注"中所说:"一九三四年,形势危急,准备长征,心情又是郁闷的。"

但纵观全诗,丝毫看不出毛泽东的压抑和悲愁,反而透露出其坚定的革命精神,以及对挽救危局、引导革命走向胜利的强烈自信。

《采桑子·重阳》《菩萨蛮·大柏地》,都是毛泽东受到错误打击和排挤时创作的。但呈现给世人的,是他身处逆境而又百折不挠,积极乐观、豁达昂扬的人生追求。

红军长征千难万险,遇到数不尽的难关。面对胜利的曙光,毛泽东满怀豪情直抒胸臆,一个月内先后写下《七律·长征》《清平乐·六盘山》。

从红军万里"远征难",到越过岷山"尽开颜",从"不到长城非好汉",到"何时缚住苍龙",皆展露出毛泽东作为革命者的乐观主义。

新中国成立后,毛泽东诗词所表达的乐观精神,更是直接和浓郁。

"妙香山上红旗妍"。1950 年 11 月创作的《浣溪沙·和柳亚子先生》,洋溢着毛泽东对抗美援朝第一次战役胜利的喜悦,同时也表达了他对美帝国主义发动战争的蔑视。

1956 年 6 月,毛泽东在三次畅游长江后,挥笔写就《水调歌头·游泳》。"万里长江横渡,极目楚天舒"的精神状态,"不管风吹浪打,胜似闲庭信步"的一语双关,可见诗人坦荡的胸怀、开朗的心境和非凡的壮志。

1965 年 5 月,毛泽东创作《水调歌头·重上井冈山》时已经 72 岁了,但"世上无难事,只要肯登攀"的革命乐观主义精神丝毫不减。

面对国际国内的复杂局面,毛泽东始终"冷眼向洋看世界",始终"乱云飞渡仍从容",传达出坚如磐石的意志和气定神闲的定力,表现出一个伟大政治家淡定自信乐观的气度。

从"唤起工农千百万"到"六亿神州尽舜尧",诗词中贯穿碧血丹心、无私奉献的人民情怀

毛泽东深刻指出:"真正的铜墙铁壁是什么? 是群众,是千百万真心实意地拥护革命的群众"。

毛泽东的人民立场和人民情怀,不仅充分体现在他的科学理论和毕生革命实践中,也高度浓缩在他的诗词创作中。他用如椽大笔,塑造了工农群众和人民军队的群体形象,热情讴歌他们的革命精神和光辉事业。

《西江月·秋收起义》中的"军叫工农革命,旗号镰刀斧头""地主重重压迫,农民个个同仇",《减字木兰花·广昌路上》中的"十万工农下吉安",《蝶恋花·从汀州向长沙》中的"百万工农齐踊跃,席卷江西直捣湘和鄂",《渔家傲·反第一次大"围剿"》中的"唤起工农千百万,同心干,不周山下红旗乱",《杂言诗·八连颂》中的"军民团结如一人,试看天下谁能敌"……无不显示出毛泽东对觉悟了参加革命的工农群众的深情礼赞,对人民群众巨大力量的高度肯定。

正是因为有了人民群众这个坚强后盾,毛泽东对中国革命的胜利运筹帷幄、成竹在胸。

始终为人民谋幸福,是支配毛泽东一生的灵魂,是毛泽东奋斗终身的不变初心。这些观点和情愫,充溢在毛泽东的诗词中,是他诗词的主旋律。

1929 年 4 月上旬,蒋桂战争爆发,战火纷飞,生灵涂炭。毛泽东写下《清平乐·蒋桂战争》,开篇道出关切:"风云突变,军阀重开战。洒向人间都是怨",深刻揭露了军阀混战的滔天罪行和带给人民的无尽灾难。

1945 年 8 月,毛泽东赴重庆与蒋介石谈判。在《七律·重庆谈判》中,他写道"遍地哀鸿满城血,无非一念救苍生",抒发了对人民群众身处疾苦的深切关注和忧虑。

新中国成立后,毛泽东的诗词更是对人民群众战天斗地的精神风貌进行了热情讴歌。

1958 年 6 月 30 日,《人民日报》报道了江西余江县消灭血吸虫病的消息。毛泽东读了这一日的报纸,浮想联翩,夜不能寐。他"遥望南天,欣然命笔",作《七律二首·送瘟神》。

在该诗后记中,毛泽东还说,"余江县基本消灭了血吸虫,十二省、市灭疫大有希望。我写了两首宣传诗,略等于近来的招贴画,聊为一臂之助。就血吸虫所毁灭我们的生命而言,远强于过去打过我们的任何一个或几个帝国主义。八国联军、抗日战争，就毁人一点来说，都不及血吸虫。除开历史上死掉的人以外，现在尚有一千万人患疫，一万万人受疫的威胁。是可忍，孰不可忍"。

这充分反映出毛泽东作为一位真正的人民领袖，与最广大劳动群众"同呼吸、共命运、心连心"。

《七律二首·送瘟神》中的"天连五岭银锄落，地动三河铁臂摇"，对广大劳动人民挥汗如雨、战天斗地、撸起袖子改造祖国山河的伟大斗争，进行了形象的描绘。

《七律·到韶山》中的"喜看稻菽千重浪，遍地英雄下夕烟"，对劳动者饱满的劳动热情作出富含诗意的赞扬。

《七绝·为女民兵题照》中的"中华儿女多奇志，不爱红妆爱武装"，对新一代青年不平凡的志向深感欣慰。

毛泽东的诗词，是一个时代的笔记，是一个国家和民族命运的写照，是我党我军艰苦卓绝革命斗争和轰轰烈烈建设事业的壮歌凯歌。

毛泽东是如何处理与子女之间关系的？

家是最小国，国是最大家。毛泽东的家庭特别是他与子女如何相处，备受人们关注。

伟人并非不食人间烟火。

毛泽东教育引导子女做人做事，同时又以父亲的严慈教育要求子女。他与子女相处得其乐融融，既享受着天伦之乐，也感受着家庭亲情，为我们展现了伟大领袖与子女相处、对子女教育的家庭情结。

严格要求不特殊化，养成吃苦耐劳的精神

重视家庭教育、家风建设，是中华民族的

光荣传统和家庭美德。正如古人所讲，"正家，而天下家矣"。

毛泽东教育子女，有着父亲严肃的慈爱，有着老师耐心的指导，有着领袖博大的胸怀。他既全力支持子女追求进步的发展要求，也注重锻炼他们独立工作生活的能力，要求孩子们处处谨言慎行，规矩做人做事。

当子女不在身边时，毛泽东时常提醒他们，严格要求自己，始终保持思想警醒和行动自觉。1941 年，毛岸英、毛岸青还在苏联学习时，毛泽东就写信告诫他们：

> "人家恭维你抬举你，这有一样好处，就是鼓励你上进；但有一样坏处，就是易长自满之气，得意忘形，有不知脚踏实地、实事求是的危险。"①

日常教育时，毛泽东对孩子们同样寄予厚望，但更注重严格要求和实践锻炼。他会细心地告诉他们为人处世的道理。他常对孩子们说，你们从小就要学会吃苦，不学吃苦怎么行呢！

自律最难战胜的是自己，最不好战胜的是亲属和子女。

毛泽东曾说，我很担心我们的干部子弟，他们没有生活经验和社会经验，可是架子很大，有很大的优越感。要教育他们不要依靠父母，不要靠先烈，要完全靠自己。

革命战争年代，毛泽东的儿子毛岸英、毛岸青等小时候就跟着父母从湖南到上海、武汉等地，一路颠簸。当杨开慧被国民党反动派残忍杀害后，兄弟几人由地下党安排到了上海。上海地下党组织被破

---

① 《红色家书》，党建读物出版社 2016 年版，第 184 页。

坏后,幼小的他们过了3年的流浪生活,可以说吃尽了生活的孤苦。

即便如此,毛泽东也要求自己的子女,不能在学习、生活和工作上搞特殊化,也不能脱离群众,更不准提出任何的特殊要求。新中国成立后,毛泽东仍然认为,

> "教育子女无论环境好坏,条件优劣,都应该严格要求,尤其是在优越的环境中,更应该教育后代以勤俭为荣,以吃苦为乐,养成吃苦耐劳的精神。"[1]

有一次在学校里,刘思齐不小心扭伤了脚,只得坐着三轮车回到中南海。毛泽东知道刘思齐回来了,首先问的是"你是怎么回来的?"原来,他担心子女将公车私用了。

特殊困难时期,上大学的李讷生病了。卫士李银桥知道后找人去看她,发现原来是饿的,便叫人送去了一包饼干。毛泽东知道后厉声责问李银桥说:"我的孩子一块饼干也不许送","谁叫他是毛泽东的女儿"。[2]

毛泽东十分重视子女参加社会实践。1946年1月,在苏联生活10年的毛岸英回到延安。毛泽东很仔细地询问了岸英在苏联的学习情况,又问他读过哪些中国的书。最后,毛泽东告诉他:"你在苏联长大,苏联大学读书,住的是洋学堂。我们中国还有学堂,就是劳动大学。过些时候,我给你找个校长,上劳动大学去。"[3]

---

[1] 韶山毛泽东纪念馆编著:《毛泽东生活档案》上卷,中共党史出版社2006年版,第128页。

[2] 转引自于俊道主编:《毛泽东实录》,中国工人出版社2012年版,第128页。

[3] 转引自张鹏、张明林:《毛泽东情感实录》,红旗出版社2013年版,第30页。

这是一位革命领袖与长子之间的对话，也是一位父亲对儿子的殷切期望和严格要求。延安窑洞前的石桌旁，见证了父子俩的亲切交谈，见证了一代伟人教育子女成长的宽广胸怀。

从苏联大学的课本学习，到延安劳动大学的农村学习。几天以后，毛岸英被送到了延安南郊附近的吴家枣园，跟着一位劳动模范干起了开荒种地、挖土浇水的农活。

毛泽东对于子女的严格要求，浸透着他对国家责任、民族使命和人民事业的良苦用心。

新中国刚刚成立，朝鲜战争就爆发了，以美军为首的"联合国军"将战火烧到了鸭绿江畔。新婚不久的毛岸英主动请缨上前线。与千千万万普通百姓的家庭一样，毛泽东毅然将自己的孩子送上了朝鲜战场。

1950 年 11 月 25 日，敌机空袭志愿军司令部，毛岸英在凝固汽油弹燃起的烈火中不幸牺牲，年仅 29 岁。

对于是否将毛岸英遗骨迁回国内安葬，毛泽东说，青山处处埋忠骨，何必马革裹尸还。不是还有千千万万志愿军烈士安葬在朝鲜吗？

毛岸英长眠在了朝鲜的土地上。

关心学习重引导，培育独立思考的习惯

一生酷爱读书的毛泽东，深知读书学习的重要意义。

子女不论在远乡求学，还是在身边相伴，毛泽东都惦记着他们的读书学习。或谆谆教导，或通过书信，督促他们学习历史知识、科学知识，养成会学好学、独立思考的良好习惯。

1939 年 8 月，毛泽东给离开自己 3 年的儿子毛岸英、毛岸青写信说："为你们及所有小同志，托林伯渠老同志买了一批书，寄给你们,不知收到否? 来信告我。下次再写。"

当毛泽东听说毛岸英他们没有收到这些书时,感到很可惜。于是,1941 年 1 月,毛泽东又一次给毛岸英、毛岸青推荐寄书 21 种 60 册。他在信中写道:"现再酌检一点寄上,大批的待后。"①

毛泽东在信的后面,附上了寄书的种类和册数。由于这些书知识性趣味性很强,又符合青少年的阅读喜好,毛岸英他们收到后争相传看。

作为几个子女的父亲,毛泽东有时候向子女们交流自己读书学习的体会。1941 年 1 月,毛泽东给在苏联学习的毛岸英、毛岸青写信,谈起自己的情况:"我的身体今年差些,自己不满意自己;读书也少,因为颇忙。"

毛泽东在信中叮嘱他们:"趁着年纪尚轻,多向自然科学学习,少谈些政治。政治是要谈的,但目前以潜心多习自然科学为宜,社会科学辅之。将来可倒置过来,以社会科学为主,自然科学为辅。总之注意科学,只有科学是真学问,将来用处无穷。"②

1947 年,毛岸英离开了陕北,先后到山西、河北等地参加土地改革。毛泽东给毛岸英写信,嘱咐说:"一个人无论学什么或作什么,只要有热情,有恒心,不要那种无着落的与人民利益不相符合的个人主义的虚荣心,总是会有进步的。"③

了解到儿子工作的进步后,毛泽东给毛岸英写了信:"看你的信,你在进步中,甚为喜慰。"④

---

① 《红色家书》,党建读物出版社 2016 年版,第 185 页。
② 《红色家书》,党建读物出版社 2016 年版,第 184 页。
③ 张素华、张鸣主编:《领袖毛泽东》第四卷,中央文献出版社 2013 年版,第 269 页。
④ 《红色家书》,党建读物出版社 2016 年版,第 196 页。

李敏小时候在苏联生活，回国时不怎么会认汉字。毛泽东就教她读诗词，指导她练习写字。

周末晚上和孩子们一起吃饭时，毛泽东觉得这既是享受家庭欢乐的时间，也是督促检查他们学习的好机会，因为别的时间很难顾得上了。

在陪伴中成长。李讷很早就开始背诵毛泽东圈画批注过的1000多首诗词，并将许多诗词抄写在了本子上。

刘思齐在苏联学习期间，经常给毛泽东写信，汇报自己的学习情况。毛泽东看着来信，十分高兴，用自己的化名"得胜"给刘思齐回信说："希望你注意身体，不使生病，好好学习。"①

1957年，刘思齐转入北京大学学习以后，毛泽东又鼓励她"学成为国服务"。几个月后，又给刘思齐写信："要立雄心壮志，注意政治、理论。"②

陪伴想念最温暖，关心子女的身体、婚姻大事

与子女经历了生离死别，生活常常因战火而阻断，相聚时的亲情更加温暖。

1949年，毛泽东带着家人住进香山脚下的双清别墅。只要有时间，毛泽东就会与毛岸英、刘思齐、李讷一起散步聊天。后来，毛岸青、李敏先后从东北来到毛泽东身边。毛泽东和孩子们度过了一段愉快的时光。

小女儿李讷，1940年出生于延安。她一出世就经受着血与火的

---

① 韶山毛泽东纪念馆编著：《毛泽东生活档案》上卷，中共党史出版社2006年版，第149页。

② 《红色家书》，党建读物出版社2016年版，第244页。

艰苦环境,经历了战争的风风雨雨。1958 年 2 月,李讷因病住院,心情不佳。

毛泽东十分牵挂女儿的身体情况,写信鼓励她:"意志可以克服病情。一定要锻炼意志。"他信中说:"为你的事,我此刻尚未睡,现在我想睡了,心情舒畅了。"在信的最后一句,毛泽东深情地说"亲你,祝贺你胜利,我的娃!"信末他还注明:"半睡状态,字迹草率,不要见怪。"①

如山的父爱跃然纸上,家庭温情力透纸背。

毛岸青到大连治病。毛泽东很挂念他,给毛岸青写信说:"听说你的病体好了许多,极为高兴。仍要听大夫同志和帮助你的其他同志们的意见,好生静养,以求全愈。"②

在成长中享受着亲情。1953 年冬季的一天,毛泽东带着李敏、李讷去滑冰场学滑冰。她俩在滑冰场摔倒了爬起来,接着再滑,几个回合过后,感到又疼又累,很想休息一会儿。毛泽东要求她们不到时间不能休息,姐妹俩只好坚持着。

在回去的路上,毛泽东问:"怎么样? 有何感想?""学滑冰太难了。""难就对头了","要知难而进嘛",毛泽东鼓励道。姐妹俩坚持练了下来。

婚姻是子女的大事,也是父母的心头事。毛泽东作为几个孩子的父亲,同样关心着子女们的婚姻大事,关注着他们的交往对象,期待他们选择合适的人生伴侣。

1948 年 5 月,中共中央搬到河北平山县西柏坡不久。毛岸英与刘思齐两人相恋之后,将消息告诉了双方父母。毛泽东知道后,对未

---

① 《红色家书》,党建读物出版社 2016 年版,第 164—165 页。
② 《红色家书》,党建读物出版社 2016 年版,第 243 页。

来的儿媳妇非常满意，专门找张文秋到家里来谈，中午吃完饭后接着谈。

后来，毛泽东在中南海菊香书屋里，为毛岸英和刘思齐举办了简单的婚礼。婚礼结束后，毛泽东将自己的一件大衣送给了两位新人，风趣地说："就这么一件大衣，白天让岸英穿，晚上盖在被子上，你们俩都有份。"①

毛岸青还在大连治病时，毛泽东就委婉地在信中问道："听说你同少华通了许多信，是不是？你们是否有做朋友的意思？少华是个好孩子，你可以好好同她谈一谈。"②

毛岸青要搬出中南海时，毛泽东放心不下，细心嘱托长女李敏：我很难再常见他的面了，更难照顾他了，以后你就代我多多照顾岸青吧。

敬老爱亲教立身，传承中华民族传统美德

家庭生活是教育子女的生动教材。

在长期的革命实践中，毛泽东无畏生死，大义凛然，甘愿为了革命理想和人生信仰流血牺牲的坚贞追求，感染着妻子杨开慧。当时才几岁的毛岸英、毛岸青虽然年幼，也深刻地感受到了革命家庭的言传身教。

孝老敬贤是中华民族的传统美德，也是毛泽东十分看重的品质。对此，毛泽东既亲力亲为，又时常通过子女代为，从而让他们在潜移默化中感受教育。

新中国成立不久，毛泽东就让毛岸英回到湖南湘潭韶山乡下，代

---

① 转引自赵志超：《毛泽东一家人》，中央文献出版社 2011 年版，第 137 页。
② 《红色家书》，党建读物出版社 2016 年版，第 243 页。

他看望外祖母向振熙并向其祝寿,为杨开慧扫墓,同时看望乡亲。在给杨开智、李崇德的信中,毛泽东写道:"小儿岸英回湘为老太太上寿,并为他母亲扫墓。"①次年,毛泽东又派二儿子毛岸青回湖南探望外祖母。

1960年向老太太90高寿,毛泽东听说开慧的堂妹杨开英要回老家祝寿,便给她写了一封信。信中说,杨老太太(岸英外婆)今年九十寿辰,无以为敬,寄上两百元,烦为转致。或买礼物送去,或直将二百元寄去,由你决定。

女儿李敏结婚后,要搬出去独立生活。毛泽东虽然很舍不得,但也没有阻拦。他用父亲的浓浓爱意,时时关注着李敏的生活,当听说李敏会做饭菜了,他十分高兴。

毛泽东想念李敏时,就让李讷去看看她。李讷给李敏带去了爸爸的关心问候,也给毛泽东带回了李敏平安的消息。

毛泽东尊老敬老的实际行动,给了子女最直接的身教示范。毛泽东爱子女,子女们也深爱着毛泽东。

---

① 《毛泽东书信选集》,中央文献出版社2003年版,第328页。

毛泽东喜欢跟什么样的人交往？

毛泽东爱好交往。他丰富的情感世界，生动体现在与老师学友、与战友挚友、与文艺友人、与国外人士、与亲属朋友的广泛交往中。

与老师学友交往

毛泽东到湖南省立第一师范学校读书后，"求友之心甚热"。他感到，"友不博则见不广，少年学问寡成，壮岁事功难立"。

此间，毛泽东与同学聊天时，约定了交友的"三不谈"原则，即不谈吃穿生活琐事、不谈男女之事、不谈金钱。

不久,毛泽东以二十八画生的署名,向长沙部分学校寄出"征友启事"。他说,"但有能耐艰苦劳顿,不惜己身而为国家者,修远求索,上下而欲觅同道者,皆吾之所求也……"征友启事的信封上,还注有"请张贴在大家看得见的地方"等字句。[1]

对于这次征友,他曾给同学萧子升说,"至今数日,应者尚寡",效果并不理想。

愿以天下为己任,交志同道合的朋友经风雨。

毛泽东一边苦读学业,一边利用业余时间与蔡和森等志趣相投的同学,一起走访游学,了解社风民情,考察乡间疾苦。

有一年的暑假,毛泽东没有回家,住在岳麓山里。他们相约一起在山里跑步爬山,迎着风雨从山下爬到山顶,穿着一身湿衣服坐在一起畅谈,经受风雨人生的考验磨炼。

毛泽东非比寻常的志向和正直敢言的性格,深受同学们的喜爱。同学们喜欢听他分析历史人物和国内外形势,更喜欢听他讲解哲学和文学上的问题。

有的同学碰到了烦心事,或思想上有解不开的疙瘩,会找毛泽东倾吐心声。经毛泽东开导后,顿时会变得开朗起来,心情不再悲观和沮丧。

许多学生把毛泽东看成了主心骨,不少有志青年团结在了毛泽东身边。正如他所说的,"我逐渐地团结了一批学生在我的周围,形成了一个核心,后来成为对中国的国事和命运产生广泛影响的一个学会。这是一小批态度严肃的人,他们不屑于议论身

---

[1] 《毛泽东早期文稿》,湖南人民出版社 2008 年版,第 27 页。

边琐事"①。

与老师交往时，毛泽东尊重有加、虚心请教，与许多老师建立了深厚情谊。

当时的一师校长孔昭绶，充分肯定并支持毛泽东的学友会和工人夜学等工作。他亲笔将毛泽东带领学生志愿军智取溃军、组织警备队护校等事情记入《一师校志》，并将毛泽东写的 1917 年至 1918 年的《学友会记事录》一本、《夜学日志》两本一起收藏起来。这些日后成为了珍贵的历史资料。

杨昌济是毛泽东的修身课老师，他讲授的"伦理学原理"等课程深受毛泽东等学生欢迎。毛泽东对他的品德十分尊重，对他的才识十分敬佩。一有时间，毛泽东总要和蔡和森等好友到杨先生那里请教解疑，探讨各类问题。在 10 余万字的《伦理学原理》教材上，毛泽东写下了 1 万多字的批注。

后来，毛泽东回忆说，给我印象最深的教员是杨昌济，他是从英国回来的留学生，后来我同他的生活有密切的关系。而老师杨昌济认为，毛泽东"资质俊秀若此，殊为难得"。

在一师求学期间，徐特立先生的进步思想、师风师德、学识水平和治学态度赢得了毛泽东的尊敬。1937 年，在徐特立 60 岁生日那天，毛泽东给他写了一封充满深情的信：

　　"你是我二十年前的先生，你现在仍然是我的先生，你将来必定还是我的先生。当革命失败的时候，许多共产党员离开了

---

① 埃德加·斯诺：《西行漫记》，董乐山译，生活·读书·新知三联书店 1979 年版，第 123 页。

共产党,有些甚至跑到敌人那边去了,你却在一九二七年秋天加入共产党,而且取的态度是十分积极的。"①

与工农革命战友交往

1927 年,秋收起义失败后,毛泽东引兵走向罗霄山脉。一路风餐露宿,一路跋涉斗争。

毛泽东率领部队到达三湾村后,即派人联系并积极争取井冈山上袁文才、王佐的两支农民自卫军。他以革命家的豪爽大气,采取团结教育改造的方针,领导建立了井冈山革命根据地。

"久有凌云志,重上井冈山。"1965 年,毛泽东重新来到井冈山时,亲切接见了袁文才、王佐两位烈士的遗孀。

当年在武汉,毛泽东与同乡刘谦初、张文秋夫妇交往时,曾开玩笑地将自己的儿子与战友的女儿结亲!巧合的是,20 多年后,刘松林与毛岸英喜结连理;又过了几年,邵华与毛岸青结为百年之好。

上一代为了共同的革命事业,凝结了深厚的革命情谊;下一代承载父业,结为百年好合,继续伟大的革命事业。

毛泽东与朱德的相识相交,可以说是中国革命史上的佳话。1928 年 4 月,朱德、陈毅率领南昌起义保留下来的部队和湘南起义农军一万余人,到达了井冈山,与毛泽东领导的部队会师。从此,朱、毛一起并肩战斗,他们领导的军队被称为"朱毛红军"。②

毛泽东与朱德经过长达近半个世纪的团结共事、战斗岁月,"朱敬仰毛,毛爱护朱"的革命友谊为世人所赞扬。后来,井冈山建了一座桥,当地的人们为了纪念毛泽东和朱德的历史性会师,给它取名为

---

① 《毛泽东书信选集》,中央文献出版社 2003 年版,第 86 页。
② 《中国共产党简史》,人民出版社、中共党史出版社 2021 年版,第 41 页。

"会师桥"。

在中国共产党内，毛泽东与周恩来合作共事的时间很长。毛泽东和周恩来相识后，两人都有着坚定的共同理想信仰和执着的共同事业追求，在此后争取民族独立解放和改变中国旧貌的征程上，始终是风雨同舟、并肩战斗的亲密战友。

1974 年春，当知道毛泽东因患了老年白内障视力下降时，周恩来非常着急，将自己用了多年的一副眼镜送给毛泽东。他说："这副眼镜是我戴了多年，较为合适的一副。送给主席试戴，如果不合适，告诉我，给主席重配。"①

毛泽东对周恩来同样十分关心和信任。有一次，毛泽东坐上一个沙发，觉得比较舒适。他马上想到了周恩来，随即嘱咐身边工作人员，"总理现在生病，给总理送一个去"。

两人深厚真挚的革命友谊，堪称交往的典范。

与文化人士交往

毛泽东是伟大的诗人。

他的诗词，"是从中国革命的曲折而豪迈的历史进程中升华、结晶出来的诗的瑰宝，具有宏大的历史气魄和鲜明的时代色彩；同时，又记录、反映了中国革命各个历史阶段和一系列重大历史事件，具有丰富的历史内涵和深邃的革命情怀"②。

在毛泽东的诗词里，既有他丰富的革命实践和心路历程，也有他与支持参加中国革命和建设的许多文化艺术人士交往的深厚情谊。

---

① 韶山毛泽东纪念馆编著：《毛泽东生活档案》（上），中共党史出版社 2006 年版，第296 页。

② 张承源：《毛泽东诗词探美》，中央文献出版社 2009 年版，第 345 页。

1926 年,毛泽东与柳亚子在广州初次相见。1929 年,当柳亚子听到毛泽东在井冈山建立革命根据的消息时,当即赋诗赞叹毛泽东,称其为中国的列宁。

1937 年,毛泽东翻看何香凝先生赠送的画集时,"看了柳亚子先生题画",复信何香凝说,"像这样有骨气的旧文人,可惜太少"①。这期间,柳亚子经常写诗寄给毛泽东。

随着革命形势发展,1944 年毛泽东给柳亚子写信:"广州别后,十八年中,你的灾难也受得够了,但是没有把你压倒,还是屹然独立的,为你并为中国人民庆贺!""很想有见面的机会,不知能如愿否?"②

没想到,次年毛泽东就在重庆拜访了柳亚子。当柳亚子向毛泽东求诗时,毛泽东说"初到陕北看见大雪时,填过一首词,似于先生诗格略近,录呈审正"③。在离开重庆前,毛泽东将作于 1936 年的《沁园春·雪》重新抄录后赠送给了柳亚子,柳亚子十分惊喜。

中华人民共和国成立前夕,毛泽东专门给柳亚子发去邀请电,请他共商国是。后来,两人又多次写诗词、和诗词,成为人们津津乐道的诗友。

毛泽东以诗交友、以文相见,与许多文化艺术人士长期保持了深厚友谊。1936 年,作家丁玲来到陕北后又被派往前方工作,毛泽东称赞她"昨日文小姐,今日武将军"④。

在一次会议上,他曾对哲学家冯友兰说:"好好地鸣吧,百家争

---

① 《毛泽东书信选集》,中央文献出版社 2003 年版,第 96 页。
② 《毛泽东书信选集》,中央文献出版社 2003 年版,第 221 页。
③ 《毛泽东书信选集》,中央文献出版社 2003 年版,第 243 页。
④ 张承源:《毛泽东诗词探美》,中央文献出版社 2009 年版,第 19 页。

鸣,你就是一家嘛。你写的东西我都看。"①

他与诗人郭沫若都喜爱诗词,并时常相互讨论点评,保持了长时期的友谊。

与党外人士交往

长期革命实践中,毛泽东以其独特的人格魅力和丰富的实践阅历,与许多民主党派和知名人士建立了密切联系和诚挚友谊。

1936 年,也是"九一八"五周年纪念日当天,毛泽东专门致函著名的爱国民主人士章乃器、陶行知、沈钧儒、邹韬奋说,"先生们与我们还必须在各方面作更大的努力与更亲密的合作",希望"与诸位先生经常交换意见"②。

毛泽东与党外民主人士的往来活动,大大促进了全国抗日民族统一战线发展。

抗战胜利后,为争取国内和平而到重庆与蒋介石国民党当局谈判的毛泽东,听说宋庆龄来访亲自迎送。

全国革命胜利在即之时,毛泽东致信邀请宋庆龄:"建设大计,亟待商筹,特派邓颖超同志趋前致候,专诚欢迎先生北上。"③毛泽东的尊重信任和热切期待,使宋庆龄收信后即决定北上。当宋庆龄乘坐的火车到达后,毛泽东亲上车厢欢迎。

毛泽东曾对党内高级干部讲道:"人不交几个党外朋友怎行？我的党外朋友很多,周谷城、张治中……"④

① 转引自陈微主编:《毛泽东与文化界名流》,人民出版社 2003 年版,第 38 页。
② 《毛泽东书信选集》,中央文献出版社 2003 年版,第 55—56 页。
③ 《毛泽东书信选集》,中央文献出版社 2003 年版,第 298 页。
④ 韶山毛泽东纪念馆编著:《毛泽东生活档案》(上),中共党史出版社 2006 年版,第 369 页。

从 1945 年秋,毛泽东在延安与张治中开始交往,直到 1969 年张治中去世,毛泽东认真听取并接受了张治中提出的多项意见建议。张治中从来往护送毛泽东到重庆谈判,到新中国成立后参与国是,坦诚建言、知无不尽,两人的友谊"肝胆相照"。

毛泽东交往很早的爱国民主人士章士钊,是经杨昌济老师介绍相识的。在两人长达 50 多年的交往中,有着一段"十年还债"的故事。那是 1918 年,毛泽东组织湖南青年学生准备赴法勤工俭学,当时急需用钱,找到章士钊请其筹款资助。由于时间紧,章士钊帮助募集了 2 万元。

1963 年初,毛泽东与帮助其学习英文的章士钊的女儿章含之散步时,突然想起了这件事。毛泽东说,从现在起每年还 2000 元,用 10 年还完 2 万元。几天后,即派人送去 2000 元。自此,直至 1973 年,毛泽东不仅还足 2 万元,还超付了"利息"。

两人交往时多次讨论学术问题。在毛泽东关怀下,章士钊于 1961 年、1971 年先后出版了《逻辑指要》《柳文指要》两部著作。

与亲属戚友交往

中华人民共和国成立后,韶山的父老乡亲都以出了毛泽东倍感自豪。

毛泽东也十分想念家乡的亲友,挂念着家乡的山山水水。不久,他专门委托长子毛岸英回故乡,看望家乡的亲人。

1959 年 6 月,毛泽东回到了阔别 32 年的家乡。他祭拜父母,看望乡亲,重回故居。在乡亲陪同下,到韶山小学看望老师和同学。

中国社会是个人情社会。人人身处其中,面临着人情考验。早在 1921 年,毛泽东就认为,"待朋友:做事以事论,私交以私交论,做事论理论法,私交论情"①。

毛泽东处理人情问题是极其严肃认真的。他既对亲友要求严格,也很重情重义温暖人。对于家乡来京看望他的亲友,他都热情接待、盛情款待。

当家乡的亲友写信"求"他帮忙,获得特殊照顾和待遇时,毛泽东则始终严格要求,从不允许任何人以他的名义,谋取个人的一点私利。

毛泽连是毛泽东的堂弟,患有严重眼疾,家庭非常困难。1951年,毛泽连陪母亲到长沙治病。过了一段时间,他给毛泽东写信,希望将母亲送北京治病。

很快,毛泽东就给他回信说,"不要来京,也不宜在长沙住得太久,诊病完了即回韶山为好"②。而后,毛泽东从自己的稿费中拿出三百万元(当时流通的旧人民币,人民币新币一元等于旧币一万元),寄给毛泽连用于安葬六婶和他自己治病。1959年毛泽东回到韶山时,专门接见了毛泽连一家。

1953年,毛泽东的堂弟毛泽荣、表侄文九明准备到北京时,毛泽东特意在信中嘱咐他们,"自备路费,由我补发","不要带任何礼物"。③

与岳家亲友来往,毛泽东同样关爱有加且严格要求。妻兄杨开智致信毛泽东,希望给他在北京找一份工作,或在湖南省安排一个位置。

毛泽东接信后,即给当时的湖南省军政委员会委员、长沙军管会

---

① 《毛泽东书信选集》,中央文献出版社2003年版,第14页。
② 《毛泽东书信选集》,中央文献出版社2003年版,第391页。
③ 《毛泽东书信选集》,中央文献出版社2003年版,第434页。

副主任王首道致信说:"杨开智等不要来京,在湘按其能力分配适当工作,任何无理要求不应允许。"①

同时,他在给杨开智的信中写道:"希望你在湘听候中共湖南省委分配合乎你能力的工作,不要有任何奢望,不要来京。湖南省委派你什么工作就做什么工作,一切按正常规矩办理,不要使政府为难。"②

毛泽东以其宽广胸襟、正确相处原则,广泛交往、团结合作,向我们展示了领袖的强大情感凝聚力、人格感染力和身教示范力。

---

① 《毛泽东书信选集》,中央文献出版社 2003 年版,第 315 页。
② 《毛泽东书信选集》,中央文献出版社 2003 年版,第 316 页。

毛泽东是如何评点历史人物的？

毛泽东认为，"只有讲历史才能说服人"①，"如果要看前途，一定要看历史"②。这不仅体现在他善于从马克思主义的立场、观点和方法出发，对重大历史与现实问题进行深入分析，也见之于他对古今人物的"个性化"点评。

这些评点，少则几个字，三言两语，多则成百上千，或褒或贬，或赞或叹，切中要害，鞭

① 《毛泽东文集》第八卷，人民出版社1999年版，第276页。
② 《毛泽东外交文选》，中央文献出版社、世界知识出版社1994年版，第534页。

辟入里,体现了非同寻常的历史见识与智慧。

评点历史上的兴衰治乱,从中汲取政治智慧

毛泽东读史记《高祖本纪》《项羽本纪》等时认为,在楚汉战争中,项羽兵力远胜于刘邦,却屡失机会而败,这不是偶然的。

项羽最致命的缺点是不爱听别人的不同意见,而刘邦豁达大度,从谏如流。他的结论是,项王非政治家,汉王则为一位高明的政治家。

毛泽东认为项羽有沽名的弱点,为免负不义之名,犹豫不决,但也赞赏项羽的羞耻之心。他在1948年为新华社写的述评说:"蒋介石不是项羽,并无'无面目见江东父老'那种羞耻心理。"①

读《明史》,毛泽东高度评价朱元璋、朱棣父子纵横四海、开疆拓土的峥嵘气象。1953年2月,毛泽东与陈毅同游南京紫金山,共发思古之幽情。陈毅兴致勃勃地讲了当地关于朱元璋的一些传说故事。

毛泽东接着说,朱洪武是个放牛娃出身,人倒也不蠢。他有个谋士叫朱升,很有见识。朱洪武听了朱升的话"广积粮、高筑墙、缓称王",最后取得了民心,得了天下。

至20世纪60、70年代,为应对可能的战争威胁,毛泽东发出了"深挖洞、广集粮、不称霸"的号召。

读《南史》时,毛泽东为梁武帝手下的将领陈庆之而"神往"。陈庆之出身寒门,以少胜多、战功赫赫;仁爱百姓,克勤克俭;忠正刚直,在不被信任的情况下秉忠进谏,在有人对他有拥立之意时断然拒绝。

---

① 《毛泽东新闻工作文选》,新华出版社1983年版,第262页。

毛泽东视陈为楷模。

读《资治通鉴·汉纪》，蜀汉谋臣法正有利用权力泄私愤之嫌。有人劝诸葛亮向刘备汇报，诸葛亮则顾及大局，不计较法正小节。

毛泽东同意诸葛亮的看法，认为观人观大节，略小故。由此也可以看出毛泽东的用人之道。

评点古今统兵作战的得失，从中汲取用兵智慧

毛泽东戎马一生，和战争结下了不解之缘。他重视学习和研究古今中外军事书籍，尤为重视孙武所著的《孙子兵法》。

毛泽东特别欣赏孙子的"知彼知己，百战不殆"一语，他认为，这句话高度概括了战争的指导规律，是孙子军事辩证法的精华所在。

他在《中国革命战争的战略问题》中指出："中国古代大军事家孙武子书上'知彼知己，百战不殆'这句话，是包括学习和使用两个阶段而说的……我们不要看轻这句话。"[1]在《论持久战》中又指出："孙子的规律，'知彼知己，百战不殆'，仍是科学的真理。"[2]

毛泽东熟读《三国演义》，对蜀汉名臣诸葛亮多有评价。"隆中对"是诸葛亮未出茅庐之时，向刘备提出的谋取天下、复兴汉室的战略建议。具体步骤分两步走，第一步是占据荆州、益州，建立根据地；第二步是兵分两路，进取中原。

毛泽东评点说："其始误于隆中对，千里之遥而二分兵力。其终则关羽、刘备、诸葛亮三分兵力，安得不败。"在他看来，造成蜀汉灭亡的原因就是诸葛亮的隆中对。

兵法强调集中兵力，以兵力集中之势，战胜兵力分散之敌。这也

---

① 《毛泽东选集》第一卷，人民出版社1991年版，第182页。
② 《毛泽东选集》第二卷，人民出版社1991年版，第490页。

是毛泽东惯用的策略。关羽、刘备、诸葛亮三分兵力,使本已弱势的蜀汉政权兵力不得集中,国势分散,战而无功,最终难免灭亡。

诸葛亮六出祁山,失街亭、斩马谡是一件亦悲亦壮的历史事件。古来评书中说,京戏中唱,都以此来颂扬诸葛亮爱惜人才、执法严明。毛泽东则不以为然,他评点道:"初战亮宜自临阵。"

他认为,街亭之战诸葛亮应大军挺进,临阵调度,而不应分散兵力、委责于人。魏军围困马谡之时,诸葛亮应当北进街亭,策应马谡,与魏军展开决战并战胜之。

这就是毛泽东所说的"亮宜自临阵"的关键所在。

评点历史上的文学源流及其成就,从中汲取文学智慧

毛泽东一直认为,屈原是继《诗经》之后"第一位有创作个性的诗人"。

司马迁曾说:"屈原放逐,乃赋《离骚》。"毛泽东完全同意司马迁的观点。早在1915年毛泽东在湖南第一师范学校读书时,就同罗章龙谈论起屈原和《离骚》,主张对《离骚》赋予新评价。

1959年12月读苏联《政治经济学教科书》时,毛泽东说:"屈原如果继续做官,他的文章就没有了。正因为开除'官籍','下放劳动',才有可能接近社会生活,才有可能产生像《离骚》这样好的文学作品。"①

毛泽东很喜欢曹操的诗文。在现存的一本《古诗源》中的"武帝"旁,毛泽东用红铅笔画着两条粗线。编者沈德潜对曹操的评注是"孟德诗,犹是汉音,子桓以下,纯乎魏响。沉雄俊爽,时露霸气。"

---

① 摘自《毛泽东读苏联〈政治经济学(教科书)〉谈话记录选载(六)(一九五九年十二月——一九六〇年二月)》,《党的文献》1994年第5期。

毛泽东对此圈点断句，很是在意。

毛泽东还多次圈画过曹操的《短歌行》《观沧海》《龟虽寿》《却东西门行》等诗。

《观沧海》是曹操于建安十二年率军平定辽东、辽西、右北平三郡乌桓后，班师途中经渤海之滨的碣石山时所作。全诗通过辽阔雄壮的沧海景色表现了诗人开阔的胸襟，象征着诗人叱咤风云的气概，被誉为"有吞吐宇宙气象"。

毛泽东在好几部诗集中都圈阅过这首诗，还用他龙飞凤舞的草体手书了全诗，可见对它是多么喜爱。

毛泽东生前在与他的子女谈话时曾说："曹操的文章诗词，极为本色，直抒胸臆，豁达通脱，应当学习。"①

1954 年夏天，毛泽东来到北戴河，嘴里念念有词地背诵《观沧海》，并触景生情，酝酿创作了名篇《浪淘沙·北戴河》：

"……往事越千年，魏武挥鞭，东临碣石有遗篇。萧瑟秋风今又是，换了人间。"

这首词壮怀激烈，缅怀千古豪杰，追步豪迈诗风又超越之。

毛泽东喜欢"三李"（李白、李贺、李商隐），李白居其首。他曾夸赞"李白的诗，文采奇异，气势磅礴，有脱俗之气"。

《梁甫吟》是他反复阅读、多次圈画的一首诗。此诗是李白被唐玄宗召入长安，过了三年布衣翰林的客卿生活，政治抱负无法施展反被排挤出长安后所作。全诗极富浪漫主义色彩。

---

① 胡尚元：《毛主席眼中的三国人物（上）》，《党史博览》2007 年第 1 期。

毛泽东喜欢这首诗,曾在 5 页红格信纸上,凭记忆手书过这首诗。在他晚年患眼病时,又特意让人用一寸大小的楷体字,将全诗抄录在 7 页十六开的毛边纸上。纸的右上角,留有他用铅笔画着读过两遍的圈记。

肯定历史上的爱国主义者,借以弘扬爱国主义

屈原既是伟大的爱国主义者,也是我国第一个浪漫主义诗人。毛泽东对他有很高的评价,且很喜欢引用他的作品。

1954 年 10 月 26 日,毛泽东在会见访华的印度总理尼赫鲁时说:"大约两千多年前,中国的一个诗人屈原曾有两句诗:'悲莫悲兮生别离,乐莫乐兮新相知。'"①

1958 年 3 月中央成都会议期间,毛泽东在提倡干部要讲真话时,评价屈原是敢讲真话的人,敢为原则而斗争,虽然不得志。

毛泽东与鲁迅素未谋面,但对这位伟大的文学家、文艺战士极为崇敬。他称鲁迅为"中国的第一等圣人""现代中国的圣人"。

毛泽东知道并阅读鲁迅的作品,是从五四新文化运动时期开始的。据有关资料记载,1932 年底,冯雪峰从上海来到中央苏区瑞金,告诉毛泽东:有一个日本人说,全中国只有两个半人懂中国,一个是蒋介石,一个是鲁迅,半个是毛泽东。

毛泽东听后哈哈大笑,沉思一阵后说,这个日本人还不简单,他认为鲁迅懂得中国,是对的。

1937 年 10 月 19 日,在延安陕北公学纪念鲁迅逝世一周年大会上,毛泽东发表演讲,对鲁迅给予极高评价:"鲁迅在中国的价值,据

---

① 《毛泽东外交文选》,中央文献出版社、世界知识出版社 1994 年版,第 174 页。

我看要算是中国的第一等圣人，孔夫子是封建社会的圣人，鲁迅则是现代中国的圣人。"①

1940 年，毛泽东在《新民主主义论》一文中进一步指出，鲁迅是"中国文化革命的主将，他不但是伟大的文学家，而且是伟大的思想家和伟大的革命家……空前的民族英雄。鲁迅的方向，就是中华民族新文化的方向"②。

1942 年，他在延安文艺座谈会上的讲话中，再次将鲁迅放在整个现代中国文化祭酒的位置。他说，中国革命有两支军队，一支由朱总司令指挥，一支由鲁总司令指挥，缺一不可。

毛泽东对人物的评点，不迷信古人，形成了独到的见解

毛泽东是坚定的唯物史观信奉者。他坚信人民创造历史，人民是历史前进的动力。

历代农民起义运动和农民起义领袖，总是被封建王朝或是正史的编纂者污蔑为"盗""匪""贼""寇"等，而毛泽东则从人民立场出发，拨开历史迷雾，认为推动历史进步的是人民，在中国主要是农民。

他在《贺新郎·读史》中写道：

"五帝三皇神圣，骗了无涯过客。有多少风流人物？盗跖庄屩流誉后，更陈王奋起挥黄钺。歌未竟，东方白。"

毛泽东蔑视被封建史学标榜的"三皇五帝"，认定历史上的"风流人物"必定是像陈胜吴广一类的革命领袖。

① 《毛泽东文集》第二卷，人民出版社 1993 年版，第 43 页。
② 《毛泽东选集》第二卷，人民出版社 1991 年版，第 698 页。

毛泽东认为,评价历史人物应看他的大节,看其主要方面,看其是否推动了社会的进步。

秦始皇是个很有争议的人物,誉之者称他"千古一帝",毁之者指为"暴君之首"。对这样的人物究竟怎样评价?

毛泽东从秦始皇对中华民族统一事业中的伟大贡献考虑,对其做正面评价。"秦王扫六合,虎视何雄哉!"李白这首诗深得毛泽东喜爱。

1964年6月24日,毛泽东在接见外宾时就谈道,秦始皇是第一位把中国统一起来的人物。他不但政治上统一中国,而且统一了中国的文字、中国各种制度和度量衡,有些制度后来一直沿用下来。中国过去的封建君主还没有第二个人可以超过他的。

毛泽东虽然称道秦始皇,但仍然坚持历史唯物主义、一分为二的方法。1975年夏,在毛泽东身边为他读书的芦荻,请教他对秦始皇的真实看法。毛泽东说,秦始皇作为一个历史人物来评论,要一分为二。秦始皇在历史发展过程中的进步作用要肯定,但他在统一六国后,丧失了进取的方面,志得意满,耽于享乐,求神仙,修宫室,残酷压迫人民,到处游走,消磨岁月,无聊得很。陈胜、吴广揭竿而起,反抗秦暴政,完全是正义的。

毛泽东坚持实事求是,勇于为历史人物翻案。

曹操是历史上有争议的人物。随着小说《三国演义》的流传戏剧舞台上的人物造型脸谱化,曹操一直被民间视为"旷世奸雄"。毛泽东读《三国志》,对曹操的身世、经历、战绩及政策进行了全面研究,作了不少圈画、批注,评价曹操是"真男子,大手笔",主张对曹操要实事求是地加以肯定。

毛泽东认为,曹操统一北方,创立魏国,那时黄河流域是全国的中心地区。他改革了东汉的许多恶政,抑制豪强,发展生产,实行屯田制,还督促开荒,推行法制,提倡节俭,使遭受大破坏的社会开始稳定、恢复、发展。这些难道不该肯定么？难道不是了不起么？

因此,毛泽东指出,说曹操是白脸奸臣,书上这么写,剧里这么演,老百姓这么说,那是封建正统观念制造的冤案,还有那些反动氏族,他们是封建文化的垄断者,他们写东西就是维持封建正统,这个案要翻。

1957年4月10日,毛泽东在与《人民日报》负责人谈话时为曹操辩护,历史上说曹操是奸雄,不要相信那些演义。其实,曹操不坏。当时曹操是代表进步一方的,汉是没落的。这鲜明地体现了毛泽东不迷信古人的精神。

毛泽东是如何认识和评价自己的?

毛泽东一生叱咤风云,为实现中华民族独立和振兴、中国人民解放和幸福,作出了彪炳史册的贡献。如何认识和评价毛泽东,是国内外的人们关注和研究的一个重大问题。

那么,从毛泽东本人的视角,他又是怎样认识和评价自己的?

毛泽东对自己的总体认识和评价:一个人能够"三七开"就很好了

毛泽东在晚年和身边人谈话时说,自己一生干了两件事。

1976 年，中国大地上发生了许多大事。唐山大地震造成相当严重的损失，一起奋战多年的老战友周恩来和朱德相继离去。接二连三的冲击，给毛泽东的身心带来极大的震动。内外交织的压力和时局的复杂变化，促使毛泽东认真回望和思考自己的一生。

6 月 15 日，毛泽东在中南海召集了华国锋、汪东兴等人，说：

> "'人生七十古来稀'，我八十多了，人老总想后事。中国有句古话叫'盖棺定论'，我虽未'盖棺'，也快了，总可以定论吧！我一生干了两件事：一是与蒋介石斗了那么几十年，把他赶到那么几个海岛上去了；抗战八年，把日本人请回老家去了。对这些事持异议的人不多，只有那么几个人，在我耳边叽叽喳喳，无非是让我及早收回那几个海岛罢了。另一件事你们也知道，就是发动'文化大革命'。这事拥护的人不多，反对的人不少。这两件事没有完，这笔'遗产'得交给下一代。怎么交？和平交不成就动荡中交，搞不好就得'血雨腥风'了。你们怎么办？只有天知道。"①

从这个对自身"盖棺定论"的谈话可以看出，毛泽东对自己一生的功绩是非常谦虚的。考虑到自己为之奋斗终身的革命事业，怎么向后人交好这个班，交好这笔"遗产"，是毛泽东晚年殚精竭虑所思考的。

如何评价毛泽东的一生功过是非？这个问题，事关中国共产党的历史，关乎毛泽东本人的声誉。

---

① 《毛泽东传》第 6 卷，中央文献出版社 2011 年版，第 2750 页。

《韩非子·喻老第二十一》说："自见之谓明。"

作为一名真正的共产党人，毛泽东对自己的认识，一贯非常严苛。虽然为中国革命作出了巨大贡献，但他讲得更多的，却是自己的缺点与错误。

在中共六届七中全会讨论《关于若干历史问题的决议》时，毛泽东说："决议"把许多好事都挂在我的账上，我的缺点错误没有挂上。不是我没有，而是没有挂，为了党的利益没有写上。这是大家要认识清楚的，首先是我。

在党的七大预备会上，毛泽东说："至于犯过错误，那也不是一两个人，大家都犯过错误，我也有过错误。错误人人皆有，各人大小不同。"①

在七大关于选举方针的报告中，他又说："我今天也声明一下，我就是犯过许多错误的。"②

新中国成立后，毛泽东也多次谈到自己犯过错误。1961 年 1 月，他在扩大的中央工作会议上，诚恳地说："凡是中央犯的错误，直接的归我负责，间接的我也有份，因为我是中央主席。"③

对于如何评价自己的功过，早在 20 世纪 60 年代，毛泽东就有过"三七开"的看法。

1961 年，他在与卫士张仙朋谈话时说：我这个人啊，好处占百分之七十，坏处占百分之三十，就很满足了。我不隐瞒自己的观点，我就是这样一个人，我不是圣人。

1977 年 5 月，邓小平在同中央两位同志谈话时，也谈到毛泽东

---

① 《毛泽东文集》第三卷，人民出版社 1999 年版，第 297 页。
② 《毛泽东文集》第三卷，人民出版社 1999 年版，第 360 页。
③ 《建国以来毛泽东文稿》第 10 册，中央文献出版社 1996 年版，第 24 页。

对自己"三七开"的估计："毛泽东同志说，他自己也犯过错误。一个人讲的每句话都对，一个人绝对正确，没有这回事情。他说：一个人能够'三七开'就很好了，很不错了，我死了，如果后人能够给我以'三七开'的估计，我就很高兴、很满意了。"①

1981 年召开党的十一届六中全会，通过了《关于建国以来党的若干历史问题的决议》。对于毛泽东的历史功过，《决议》作出明确的结论："他虽然在'文化大革命'中犯了严重错误，但是就他的一生来看，他对中国革命的功绩远远大于他的过失。他的功绩是第一位的，错误是第二位的。"②

对于毛泽东晚年探索中所犯的错误，后来人们也能够客观地加以认识。

薄一波称：毛泽东是真理的坚定探索者，一生办成了两件大事：一是领导中国人民完成了新民主主义革命并取得胜利；二是领导中国人民进行了社会主义革命并取得胜利，从而在中国建立了社会主义制度。

薄一波认为，一个人的一生，如果能为人民办成一件大事就已经很了不起了，而毛泽东"却起码办成了足以影响中国或世界历史进程的两件大事，他的伟大就可想而知了"③。

党史专家胡绳指出，毛泽东的晚年，一直在努力探索中国社会主义的道路。"虽然在他的探索过程中，经历了许多曲折，并且造成了'文化大革命'这样严重的错误，但是历史不能忘记他首先进行这种

---

① 《邓小平文选》第二卷，人民出版社 1994 年版，第 38 页。
② 《三中全会以来重要文献选编》(下)，人民出版社 1982 年版，第 772 页。
③ 薄一波：《领袖元帅与战友》，人民出版社 2002 年版，第 48 页。

探索的伟大功绩"①。

作为新中国和新的社会制度的建立者和探索者,毛泽东面临的是真正意义上的无人区。马克思恩格斯指明了基本方向,却没有告诉具体道路;列宁和斯大林进行了一定的探索,然而这些经验又与中国的国情并不相符。

站在服务国家和人民利益的纯粹立场上,毛泽东对中国社会主义道路进行了勇敢而又果决的探索。

这是一个史诗般的伟大英雄创举!

毛泽东对毛泽东思想的评价:《毛选》不是"我的",我们还是作为马克思列宁主义的分店好

在中共七大上,毛泽东思想被确立为中国共产党的指导思想。然而,对"毛泽东思想"及"毛泽东主义"的提法,毛泽东历来采取十分审慎的态度。

1943年,党内一些同志提出为毛泽东庆祝50大寿,并宣传毛泽东主义。毛泽东明确指出:"我的思想(马列)自觉没有成熟,还是学习时候,不是鼓吹时候;要鼓吹只宜以某些片段去鼓吹(例如整风文件中的几件),不宜当作体系去鼓吹,因我的体系还没有成熟。"②

1948年8月,华北大学校长吴玉章致电周恩来,表示想在华北大学成立典礼上提出"主要的要学毛泽东主义"。毛泽东当即复电不同意,并认为:

---

① 石仲泉:《胡绳学术晚年的新辉煌》,《中共党史研究》2002年第2期。
② 《毛泽东书信选集》,人民出版社1983年版,第212页。

"如果并列起来一提，就似乎我们自己有了一切，似乎主人就是我，而请马、恩、列、斯来做陪客。我们请他们来不是做陪客的，而是做先生的，我们做学生。""我们还是作为马克思列宁主义的分店好。"①

1963 年 9 月 9 日，毛泽东在会见新西兰共产党全国委员会主席威廉斯时说：我认识中国经过很长的时间，走过很长的道路，有胜利，也有失败。我向马克思学习，向列宁、斯大林学习，向敌人学习，最重要的是向群众学习。

1964 年 3 月 24 日，毛泽东同薄一波、李先念、谭震林等谈话时说：《毛选》，什么是我的？ 这是血的著作。《毛选》里的这些东西，是群众教给我们的，是付出了流血牺牲的代价的。②

对于出版《毛泽东选集》，毛泽东尤为慎重。《毛选》第一至四卷，是在毛泽东直接主持下进行的。他不仅参与选稿定篇，还动手撰写题注和注释。

1960 年，毛泽东和斯诺谈话时说道，对于社会主义建设，由于没有干过，还没有经验。就算开始有了一点，也还不多。这体现出毛泽东对于治国理政清醒的认识，以及谦虚和审慎的态度。

对于自己所写的这些经典文章作品，毛泽东始终有着"不满意"的想法。

1956 年 3 月 14 日，毛泽东在会见越南劳动党中央总书记长征、印度尼西亚共产党中央总书记艾地时说："对已发表过的东西，完全满意

---

① 《毛泽东文集》第五卷，人民出版社 1996 年版，第 260—261 页。
② 参见《毛泽东年谱(1949—1976)》第五卷，中央文献出版社 2013 年版，第 329 页。

的很少。如《实践论》就是比较满意的,《矛盾论》就并不很满意。"①

1961 年 12 月 5 日,毛泽东会见委内瑞拉代表团时说:"我的画像不值得挂。马克思写过《资本论》,恩格斯写过《反杜林论》,列宁写过《谈谈辩证法问题》,他们的画像是应该挂的。像《资本论》、《反杜林论》这样的作品我没有写出来,理论研究很差。人老了,也不知道是否还能写出些什么东西来。"②

1963 年 3 月,他在广州会议上讲,别人都是"文章是自己的好",我对自己的文章有些也并不喜欢。

1965 年 1 月 23 日,毛泽东主持召开中共中央政治局常委扩大会议。当余秋里汇报到要活学活用毛主席著作时,毛泽东说:"我的那些东西还有用? 那些是历史资料了,只能参考参考。""我只有一篇好的——《实践论》,还有点用。"③

1966 年 7 月,毛泽东对林彪选编《毛泽东语录》并大肆吹捧深为反感:"我历来不信,我那几本小书,有那么大的神通。现在经他一吹,全党全国都吹起来了,真是王婆卖瓜,自卖自夸。"④

1968 年 8 月 13 日,他在会见意大利共产党(马列)代表团时还说道:"我没有什么著作,只是些历史事实的记录。"⑤

这些话,既是对自己著作的自谦,也是一种自我鞭挞,以求未来作出更大的突破。

1964 年 3 月,毛泽东谈到《毛泽东选集》时说道,那都是以前的著作了,现在也很想写一些东西,但老了,精神不够了。

---

① 《毛泽东年谱(1949—1976)》第二卷,中央文献出版社 2013 年版,第 546 页。
② 《毛泽东年谱(1949—1976)》第五卷,中央文献出版社 2013 年版,第 57 页。
③ 《毛泽东年谱(1949—1976)》第五卷,中央文献出版社 2013 年版,第 472 页。
④ 《建国以来毛泽东文稿》第 12 卷,中央文献出版社 1996 年版,第 71 页。
⑤ 《毛泽东年谱(1949—1976)》第六卷,中央文献出版社 2013 年版,第 181 页。

同年 6 月 8 日，中央政治局常委扩大会议上提到出版《毛泽东选集》第二版，毛泽东说："现在学这些东西，我很惭愧，那些都是古董了，应当把现在新的东西写进去。"①

毛泽东对自己性格的认识和评价：在我身上有些虎气，是为主，也有些猴气，是为次

毛泽东是一个有着鲜明个性的人。

与毛泽东并肩战斗了近半个世纪的周恩来，认为毛泽东是有中华民族的谦虚实际，中国农民的相互勤勉，知识分子的好学深思，革命军人的机动沉着，布尔什维克的坚韧顽强。

1966 年 7 月，毛泽东给江青写了一封长信。在信中，毛泽东写道："我是自信而又有些不自信。……但也不是折中主义，在我身上有些虎气，是为主，也有些猴气，是为次。"②

虎是咆哮山林的百兽之王，猴是机敏灵活的山林精灵。二者在性格气质上大相迥异又互为补充，近乎是两个极端。

虎气与猴气，贯穿于毛泽东的革命生涯之中。

在战略上，毛泽东充满了虎气，始终坚持革命的原则，不畏强敌、不畏艰难，有着舍我其谁、有我无敌的威严霸气，有着中华民族雄壮威武的气魄。

1947 年 8 月，毛泽东率领中央机关几百人，转战于陕北。面对暴雨洪水泛滥、几万追兵围堵，毛泽东决然说："不过黄河！放心跟我走，老子不怕邪！"③

---

① 转引自石仲泉：《毛泽东的艰辛开拓》，中央党史资料出版社 1990 年版，第 233 页。
② 《建国以来毛泽东文稿》第 12 册，中央文献出版社 1998 年版，第 72 页。
③ 转引自胡哲峰、孙彦：《毛泽东谈毛泽东》，中共中央党校出版社 1993 年版，第 74 页。

"老子不怕邪！"这句话，凸显出毛泽东的虎气。正是因为这一决策，牵制了胡宗南集团敌军 30 万，同时坚定了全党全军的必胜信心。

凭借"不怕邪"的劲头儿，毛泽东领导中国人民先后打垮了日本侵略者和国民党反动派，战胜了头号强国美国及其纠集的"联合国军"，顶住了来自苏联霸权主义的压力。

在战术上，毛泽东又有着猴气，善于立足客观实际，灵活机动，因敌而动，进退有度，充分体现了策略上的灵活主动性。

从 13 岁起，毛泽东就喜读《西游记》，且"年既老而不衰"。孙悟空智斗各路妖魔鬼怪的灵性，始终感染着毛泽东。

毛泽东为人民军队制定了灵活机动的战略战术。这在很大程度上弥补了长期以来我军武器装备落后的不足，面对强敌奇迹般地一次次扭转了力量劣势，成功地实现了以弱胜强。

毛泽东提出政策和策略是党的生命。他积极倡导并促成第二次国共合作，新中国成立后打破意识形态束缚、历史纠葛，推进与曾经的宿敌美日等建立正常关系，等等，有效地维护了国家和民族的整体利益。

毛泽东崇尚创造，不拘成规，痛恨和反对教条主义。他带领中国共产党大胆探索与开辟了中国革命和建设的独特道路，体现了无产阶级革命家实事求是、勇于创造的最可贵精神。

毛泽东早年曾说："我是极高之人，又是极卑之人。"[1]

他的为国为民的精神，他的理想主义和浪漫主义，动于九天之上；他脚踏实地，深入人民和社会的最最底层，又深隐九地之下。

---

[1] 《毛泽东早期文稿》，湖南出版社 1990 年版，第 270 页。

　　正如美国作家斯图尔特·施拉姆所说："毛泽东是一位世界性的人物。在我们这个世纪里,毛泽东已经比任何人更深刻地影响了人类的多数。毛是我们时代的巨人。"①

　　这是全世界关于毛泽东公正的评价和认识。

---

① 萧延中等:《外国学者评毛泽东》第 1 卷,中国工人出版社 1997 年版,第 2 页。

毛泽东为什么被称为"人民领袖"？

"东方红，太阳升，中国出了个毛泽东。他为人民谋幸福，他是人民的大救星……他是我们的带路人……领导我们向前进。"

这首穿越时空的经典歌曲，既是人民领袖为人民的赞歌，又是人民领袖人民爱的深情表白。

毛泽东是拯救人民的"大救星"

毛泽东出身农民。在童年时就对剥削压迫现象不满，十分同情贫穷的劳苦大众。

他在求学期间，逐渐确立了改造中国、救

国救民的远大志向。受俄国十月革命和五四运动的影响，坚定地选择了马克思列宁主义，选择了为实现共产主义而奋斗。

大革命时期，毛泽东开始展现出领导革命的非凡才能。他领导工人运动的时间不长，但却领导得最好，成功的次数最多，引起了极大关注。

他不是党内最早搞农民运动的人，但却对农村问题和农民运动有极其深刻的认识。先后发表了《中国社会各阶级的分析》《国民革命与农民运动》《湖南农民运动考察报告》等著作，阐明了农民问题在中国革命中的重要地位和无产阶级领导农民斗争的极端重要性。

他放着国民党中央代理宣传部长不当，却当起了"农民王"，开办了农民运动讲习所，开展了轰轰烈烈的农民运动，为领导和推动全国农民运动作出了重要贡献。

大革命失败后，毛泽东领导创建井冈山革命根据地，指明了中国革命的正确方向。他实行"枪杆子"与"民众运动"相结合，亲自起草《井冈山土地法》进行土地改革，第一次从法律上肯定了农民拥有分配和使用土地的权利，解放了农村生产力，激发了农民的革命热情，有力配合了根据地的军事斗争。

离开井冈山革命根据地后，毛泽东与朱德率军转战赣南、闽西地区，为创建和发展中央革命根据地作出了巨大贡献。当"左"倾教条主义导致严重革命危机之际，他力挽狂澜、转危为安，领导红军摆脱了国民党军队的围追堵截。

在陕北的十多年里，毛泽东在党内的领导地位进一步巩固，在人民中的崇高威望进一步提升。他提出了正确的抗战路线，吸引了越来越多民众汇聚到新民主主义旗帜下，成为抗战的中流砥柱。

在毛泽东的领导下，陕甘宁边区政府将新民主主义的基本原则具体化,大力发展经济,改善人民生活。当地老百姓纷纷用歌声来表达对毛主席和共产党的热爱与拥护。

1942 年,陕北佳县农民李有源有感于解放区的新生活,在《白马调》基础上创作出颂歌《东方红》。这是根据地人民的共同心声,他们从心底里认为毛泽东是人民"大救星"。随着这首歌的传唱,毛泽东是人民大救星的说法也广泛散播开来。

此后,毛泽东这位人民"大救星",又领导党和人民取得抗日战争和解放战争的胜利,实现了民族独立和人民解放,人民成了新国家新社会的主人。从此,中国人民站起来了。

正如《关于建国以来党的若干历史问题的决议》指出的:"如果没有毛泽东同志多次从危机中挽救中国革命,⋯⋯我们党和人民可能还要在黑暗中摸索更长时间。"①

毛泽东这位伟大的人民领袖,就是这样一步一步从民族独立和人民解放事业中走出来的。

毛泽东是造福人民的"掌舵者"

造福人民是共产党人的政治本色和价值追求。

毛泽东指出,我们的第一个方面的工作并不是向人民要东西,而是给人民以东西。他一生与人民风雨同舟、血脉相通、生死与共,一生为人民的幸福而拼搏奋斗、牺牲奉献。

1925 年 12 月,毛泽东在《政治周报》发刊词中写道:"为什么要革命? 为了使中华民族得到解放,为了实现人民的统治,为了使人民得到经济的幸福。"

---

① 《关于建国以来党的若干历史问题的决议》,《人民日报》1981 年 10 月 7 日。

为了实现这一目的,毛泽东领导党和人民经过 28 年浴血奋战,打败了日本帝国主义,推翻了国民党反动统治,完成了新民主主义革命,建立了中华人民共和国。

在毛泽东的领导下,"中国共产党和中国人民以英勇顽强的奋斗向世界庄严宣告,中国人民从此站起来了,中华民族任人宰割、饱受欺凌的时代一去不复返了,中国发展从此开启了新纪元"①。

新中国成立之初,中国人民无比渴望和平安宁。然而,这个愿望却遭受到美帝国主义的粗暴挑战。毛泽东领导人民勇于斗争,取得了新中国立国之战的胜利,迎来了家国安宁、百姓安居乐业。

随后,毛泽东带领党和人民进行伟大制度创造,确立了人民当家作主的社会主义根本政治制度。从此,中国人民在政治上真正成为国家的主人,在历史上第一次把命运牢牢地掌握在自己手里。

毛泽东领导人民走上了实现繁荣富强的社会主义康庄大道。到 1956 年底,在中国大地上推翻了几千年的剥削制度,确立起崭新的社会主义制度。1957 年我国工农业总产值达到 1241 亿元,按可比价格计算,比 1952 年增长了 67.8%。

毛泽东领导人民进行了大规模的社会主义建设。这一时期,我们建立起了独立的比较完整的工业体系和国民经济体系,农业初步满足了占世界四分之一人口的基本生活需求,基础设施建设获得较快增长,教育医疗事业得到长足进步,科技发展取得重要突破。

毛泽东领导我们党审时度势打破西方封锁的坚冰。1971 年 10 月 25 日,第 26 届联合国大会以 76 票赞成、35 票反对、17 票弃权的压倒多数,通过了恢复中国在联合国的一切权利的 2758 号决议,并

---

① 《中共中央关于党的百年奋斗重大成就和历史经验的决议》,《人民日报》2021 年 11 月 17 日。

邀请中国派代表团出席联合国大会。

在毛泽东的运筹下，我国以小球转动大球，与美国实现了跨越太平洋的握手。1972年2月，美国总统尼克松访华，中美双方在上海签署了《中美联合公报》，标志着中美关系开始走向正常化。同年，日本首相田中角荣访华，中日正式建立外交关系。随后，国际上出现了与中国建交的热潮。

毛泽东领导为人民造福的丰功伟绩，不胜枚举。无论是领导打土豪、分田地，还是开展大生产运动；无论是带领治理黄河、兴修水利，还是惩治腐败和反对官僚主义，等等，都是为了造福于民。

毛泽东是服务人民的"贴心人"

毛泽东对人民有着浓厚的赤子情怀。

在中国几千年封建统治中，劳动人民始终处在被压迫被剥削的地位，始终处在社会最底层。

毛泽东和他领导的中国共产党，始终把人民利益放在第一位，时刻把人民的安危冷暖挂在心上，是全心全意服务人民的知心人和贴心人。

毛泽东无比重视和珍视人民的地位和作用。他深刻指出："人民，只有人民，才是创造世界历史的动力。"[1]"真正的铜墙铁壁是什么？是群众，是千百万真心实意地拥护革命的群众。"[2]"战争的伟力之最深厚的根源，存在于民众之中。"[3]

毛泽东是一个真正"拜人民群众为师"的人。他深刻指出："群

---

① 《毛泽东选集》第三卷，人民出版社1991年版，第1031页。
② 《毛泽东选集》第一卷，人民出版社1991年版，第139页。
③ 《毛泽东选集》第二卷，人民出版社1991年版，第511页。

众是真正的英雄,而我们自己则往往是幼稚可笑的,不了解这一点,就不能得到起码的知识。"①要"放下臭架子、甘当小学生"②。

毛泽东还是一个把人民看成天、看成上帝的人。

1945年6月他在《愚公移山》中讲道:"我们一定要坚持下去,一定要不断地工作,我们也会感动上帝的。这个上帝不是别人,就是全中国的人民大众。"③

1948年4月,毛泽东在繁峙县伯强村与干部、群众座谈时说,不要迷信庙里的佛爷,人民大众才是真正的佛爷。

开国大典时,毛泽东不停地向游行群众挥手致意,大声高呼:"同志们万岁""人民万岁"。这是从心底里发出的真挚情感。

1975年,毛泽东在会见前南斯拉夫外宾时,再次说,人民就是上帝。足见毛泽东对人民是多么重视!

此前,中国没有哪一位最高领导人,这样地崇敬人民、胸怀人民、敬畏人民。毛泽东是实实在在的人民领袖。

毛泽东把全心全意为人民服务确立为党的根本宗旨。

1939年2月,毛泽东在给张闻天的信中,提出了"为人民服务"的概念,并从唯物主义道德观的角度作了初步阐述。

1944年,毛泽东在张思德追悼会上,生动诠释了共产党人为人民服务的宗旨。

1945年在党的七大开幕词中,毛泽东说:"我们应该谦虚,谨慎,戒骄,戒躁,全心全意地为中国人民服务"④。

① 《毛泽东选集》第三卷,人民出版社1991年版,第790页。
② 《毛泽东选集》第三卷,人民出版社1991年版,第790页。
③ 《毛泽东选集》第三卷,人民出版社1991年版,第1102页。
④ 《毛泽东选集》第三卷,人民出版社1991年版,第1027页。

在《论联合政府》政治报告中,他进一步指出:"全心全意地为人民服务,一刻也不脱离群众;一切从人民的利益出发,而不是从个人或小集团的利益出发;向人民负责和向党的领导机关负责的一致性;这些就是我们的出发点。"①

在毛泽东的提议下,党的七大将全心全意为人民服务,作为党的唯一宗旨写入党章。从此,全心全意为人民服务,成为共产党人的根本价值取向。

而对背离为人民服务的腐败行为,毛泽东最不能容忍。在处理刘青山、张子善贪污腐败案时,他斩钉截铁地说,谁要搞腐败那一套,我毛泽东就割谁的脑袋;我毛泽东若是腐败,人民就割我的脑袋。

毛泽东心中最牵挂的是人民群众。

他指出,"一切群众的实际生活问题,都是我们应当注意的问题"②,包括"群众的生产和生活的问题,盐的问题,米的问题,房子的问题,衣的问题,生小孩子的问题"③。

他常对身边人说,走到哪里,都不要忘记为民兴利除弊。

毛泽东是这样说的,更是这样做的。即使是别人不注意的小事,他也关怀备至。

1933年,为解决沙洲坝村民们吃水难问题,毛泽东带领干部和战士,为村民先后打了两口水井,让乡亲喝上了又清又甜的井水。后来,村民在水井旁竖起纪念碑,上面刻着"吃水不忘挖井人,时刻想念毛主席"。

1944年,毛泽东听说侯家沟有两个村庄的妇女不生孩子,就把

① 《毛泽东选集》第三卷,人民出版社1991年版,第1094—1095页。
② 《毛泽东选集》第一卷,人民出版社1991年版,第137页。
③ 《毛泽东选集》第一卷,人民出版社1991年版,第138—139页。

延安市委书记找来询问情况，并指示让中央医院去侯家沟化验下水质。后经化验，发现水里含有大量有害物质，从而解决了两个村子妇女不生育的问题。

新中国成立后，毛泽东成为万众敬仰的人民领袖，但他仍然满怀深情地关怀和体恤群众，全身心地为群众解难题办实事。

纵观毛泽东的一生，无论是戎马倥偬的革命战争年代，还是日理万机的和平建设时期，他都倾尽心血关注人民疾苦，竭尽全力为人民排忧解难，对人民群众无限关怀。

毛泽东对人民爱得深沉，爱得无我。人民也对自己的领袖爱得真挚，爱得热烈。

毛泽东给中华民族留下了什么？

毛泽东是中国共产党、中国人民解放军、中华人民共和国的主要缔造者。他为中国新民主主义革命的胜利、社会主义革命的成功、社会主义建设的全面展开，为实现中华民族独立和振兴、中国人民解放和幸福，作出了彪炳史册的巨大贡献，留下了光照千秋的宝贵财富。

科学的理论——毛泽东思想

"没有革命的理论，就不会有革命的运动。"

近现代中国革命实践告诉我们：革命斗争要取得最终胜利，一定要有科学的理论指导。

即便有了马克思列宁主义，如果只是将马列主义作为教条来对待，也无法指导中国革命取得胜利。只有把马列主义基本原理与中国具体实际有机结合起来，才能真正拯救中国危亡、夺取革命胜利。

毛泽东敏锐地发现了这个问题，并身体力行解决了这个问题。在革命和建设长期实践中，以毛泽东同志为主要代表的中国共产党人，以马克思列宁主义基本原理为指导，提出并形成了一系列适合中国情况的科学指导思想，这就是毛泽东思想。

毛泽东思想包括政治、军事、经济、文化、统战、外交、党建等各个领域，是一个完整的、内容极其丰富的科学体系。毛泽东思想的活的灵魂是贯穿于各个组成部分的立场、观点、方法，体现为实事求是、群众路线、独立自主三个基本方面。

毛泽东思想创造性地解决了在中国这种特殊的社会历史条件下，如何建设一个真正的马克思主义政党，如何缔造一支在党的绝对领导下的人民武装力量的一系列重大问题，在革命和建设实践方面创造性地提出和实施了一系列正确的战略策略，以独创性理论丰富和发展了马克思列宁主义。

中国共产党、中国人民解放军是在这个理论指导下成长壮大起来的，新中国是在这个理论指导下创立起来的，中国社会主义建设是在这个理论指导下开辟出来的，中华民族伟大复兴是在这个理论指导下开始起步的。

毛泽东思想是"马克思列宁主义在中国的创造性运用和发展，是被实践证明了的关于中国革命和建设的正确的理论原则和经验总结,是马克思主义中国化的第一次历史性飞跃"①,为党和人民事业发展提供了科学指引。

人民的中国——中华人民共和国

"没有毛主席就没有新中国。"

以毛泽东同志为主要代表的中国共产党人带领中国人民,经过28年浴血奋战和顽强奋斗,推翻了帝国主义、封建主义、官僚资本主义的三座大山,夺取了新民主主义革命的伟大胜利,实现了几代中国人梦寐以求的民族独立和人民解放,创建了人民当家作主的中华人民共和国。

正如邓小平所指出:"没有毛主席,至少我们中国人民还要在黑暗中摸索更长的时间。"

作为新中国的主要缔造者,毛泽东领导建立了社会主义基本政治制度、基本经济制度和与之相适应的意识形态,构成了我国社会主义社会的基本制度体系。

这些制度,总结了近代以来中国的历史经验,完全根据中国的实际情况而制定,对于坚持和巩固社会主义,确保国家长治久安,巩固国家统一,起着决定性的作用。

中华人民共和国的成立,"实现了中国高度统一和各民族空前团结,彻底结束了旧中国半殖民地半封建社会的历史,彻底结束了旧中国一盘散沙的局面,彻底废除了外国列强强加给中国的不平等条

---

① 《中共中央关于党的百年奋斗重大成就和历史经验的决议》,《人民日报》2021年11月17日。

约和帝国主义在中国的一切特权"①。

这一事件，不仅在中国历史上是一个翻天覆地的大事件，在世界历史上也是一个划时代的大事件。

民族的先锋——中国共产党

"自从有了中国共产党，中国革命的面目就焕然一新了。"

近代以来，为了救国救民、改变旧中国的悲惨命运，无数志士仁人前仆后继、不懈探索，寻找救国救民道路，却在很长时间内抱憾而终。十月革命一声炮响，给中国送来了马克思列宁主义。中国共产党应运而生。

毛泽东是中国共产党的主要缔造者。他根据马克思特别是列宁的党建理论，紧密联系中国革命斗争的实际，创造性地解决了在中国这种特殊的社会历史条件下建设马克思主义政党的一系列重大问题，形成了一套完整的建党学说。

在革命斗争中，他"实施和推进党的建设伟大工程，提出着重从思想上建党的原则，坚持民主集中制，坚持理论联系实际、密切联系群众、批评和自我批评三大优良作风，形成统一战线、武装斗争、党的建设三大法宝，努力建设全国范围的、广大群众性的、思想上政治上组织上完全巩固的马克思主义政党"②。

邓小平曾深刻指出，正是根据毛泽东的建党学说，才建立了这样一个好的党；没有毛泽东思想，就没有今天的中国共产党。

---

① 习近平：《在纪念毛泽东同志诞辰120周年座谈会上的讲话》，《人民日报》2013年12月27日。

② 参见《中共中央关于党的百年奋斗重大成就和历史经验的决议》，《人民日报》2021年11月17日。

中国共产党是唯一能够领导中国这样一个拥有众多人口、若干个民族和广袤国土,情况十分复杂的大国的政治力量。

无论是风和日丽,还是风雨来袭,中国共产党永远是中国人民最可靠的主心骨,是领导中国革命、建设和改革事业的核心力量。

强大的军队——中国人民解放军

"没有人民的军队,就没有人民的一切。"

土地革命战争时期,我们党从残酷的现实中认识到,没有革命的武装就无法战胜武装的反革命,就无法夺取中国革命胜利。必须以武装的革命反对武装的反革命。

南昌起义打响了武装反抗国民党反动派的第一枪,标志着中国共产党独立领导革命战争、创建人民军队和武装夺取政权的开端。毛泽东以卓越的军事智慧和高超的指挥艺术,为建设强大人民军队建立了不朽功勋,成为中国人民解放军的主要缔造者。

他"创造性地解决了缔造一个在党的绝对领导下的人民武装力量的一系列重大问题,建成一支具有一往无前精神、能压倒一切敌人而决不被敌人所屈服的新型人民军队"[1]。

人民军队建军之初十分弱小,主要成分是农民,又带有旧式军队的影响。毛泽东总结全党的经验和智慧,探索和形成了党对军队绝对领导、全心全意为人民服务、建立强有力的革命的政治工作等一整套建军治军原则,成功地把这样一支军队改造并建设为完全新型的人民军队。

新中国成立后,毛泽东又根据国内外形势的发展变化,深入探索

---

[1]　习近平:《在纪念毛泽东同志诞辰120周年座谈会上的讲话》,《人民日报》2013年12月27日。

人民军队建设新的特点规律,提出了建设现代化巩固国防等一系列重要思想,领导人民军队完成了由低级阶段向高级阶段、由单一军种向诸军兵种合成军队的转变。

在毛泽东的领导和指挥下,在毛泽东军事思想的指引和培育下,中国人民解放军由小到大、由弱到强,以无往不胜的英雄气概、坚韧不拔的革命毅力、灵活机动的战略战术、英勇顽强的战斗作风,打败了国内外异常凶恶的敌人,打出了国威军威,成为党和人民可以信赖的英雄力量。

自主的道路——社会主义现代化

"打定主意走自己的路。"

世界上没有放之四海而皆准的发展道路。在中国这样一个人口众多和经济文化落后的东方大国进行革命和建设,决定了我们只能走自己的路。

新中国成立以后,以毛泽东同志为核心的党中央带领全国人民,创造性地完成了由新民主主义革命向社会主义革命的转变,使中国这个占世界人口四分之一的东方大国进入了社会主义社会,实现了中国历史上最深刻、最伟大的社会变革。

社会主义改造基本完成以后,毛泽东带领人民转入全面的大规模的社会主义建设,对适合中国国情的社会主义道路进行了艰苦探索,并取得了一系列重要成果。

这包括:突破了社会主义无矛盾、无冲突的思想框框,形成社会主义基本矛盾和人民内部矛盾的学说;突破了社会主义建设必须以"重轻农"为序的思想框框,形成具有中国特点的以"农轻重"为序、两条腿走路的社会主义现代化理论;突破了社会主义阵营必须以苏联为中心的思想框框,形成独立自主地搞建设、搞国防、搞外交、搞尖端技术,独立自主地进行道路探索的思想;等等。

这些探索,成功地解决了一个经济文化落后的东方农业大国,如何通过无产阶级政党对民主革命的领导逐步走上社会主义道路,并通过社会主义工业化建设和社会主义改造同时并举而逐步确立社会主义基本制度的问题。

尽管经历了严重曲折,新中国的社会主义现代化建设仍然取得巨大成就。从 1949 年到 1978 年,我国工业、农业、钢产量、煤产量、发电量等实现了大幅度增长,国内生产总值从 466 亿元提高到 3624.1 亿元,增长 6.78 倍。

我们不仅建立起独立的比较完整的工业体系和国民经济体系,而且在曲折前进中积累了进行社会主义建设的重要经验,为新时期中国特色社会主义的发展奠定了根本政治、经济前提和制度基础。

大国的地位——世界多极化重要力量

"没有中国的参与,世界的事情就不好办。"

鸦片战争后,中国在世界舞台上任人宰割。中华人民共和国的成立,引起了世界格局的重大变化。她以一个保卫世界和平、主持正义、反对帝国主义侵略的重要力量,站在世界舞台上。

毛泽东为新中国制定的独立自主的和平外交政策和许多重大国际战略,使新中国赢得了国际尊严,争取到了越来越多的朋友,彻底摆脱了旧中国那种"弱国无外交"的险恶处境。

面对以美国为首的西方国家全面封锁,毛泽东采取"一边倒"的外交战略,加入社会主义阵营,打开了新中国的国际空间。特别是抗美援朝战争的胜利,大大提升了新中国的大国地位和国际影响力。

后来面对美国、苏联的双重压力，毛泽东在"两面出击"的同时，重申并完善了"中间地带"理论，对亚非拉美国家和民族独立解放运动给予了极大的同情和无私的援助，使得中国在广大发展中国家中享有极高的威望。

在国际形势出现新变化的背景下，毛泽东果断开启中美关系正常化进程，同时适时提出"一条线、一大片"和"三个世界"划分的战略设想，给世界多极化趋势提供了理论支撑。这对于团结世界人民反对霸权主义，改变世界政治力量对比，提高我国的国际威望，起了不可估量的作用。

新中国始终"坚持独立自主的和平外交政策，倡导和坚持和平共处五项原则，坚定维护国家独立、主权、尊严，支持和援助世界被压迫民族解放事业、新独立国家建设事业和各国人民正义斗争，反对帝国主义、霸权主义、殖民主义、种族主义"[1]，赢得了国际社会特别是广大发展中国家的尊重和赞誉。

邓小平曾深情地说，我们能在今天的国际环境中着手进行四个现代化建设，不能不铭记毛泽东的功绩。

复兴的伟业——民族伟大复兴的梦想

"中国应当对于人类有较大的贡献"。

实现中华民族复兴，是近代以来中国人民的伟大梦想。为了这一梦想，无数中国人作了各种各样的探索，但都先后失败了。

毛泽东在青年时期就立下远大志向。他的一生都在为民族解放、国家富强和人民幸福进行着艰苦卓绝的奋斗，可以说是民族复兴

---

[1]　《中共中央关于党的百年奋斗重大成就和历史经验的决议》，《人民日报》2021年11月17日。

梦想的第一领航人。

随着中华人民共和国的成立和社会主义制度的建立,中华民族发展进步开启了新纪元,中华民族伟大复兴的历史进程加快了步伐。

毛泽东希望尽早改变中国一穷二白的面貌,实现社会主义现代化,赶上世界最发达国家。国民经济恢复后,他提出经过几个五年计划,将现在经济上文化上落后的国家,建设成为一个工业化的具有高度现代文明程度的伟大的国家。

党的八大召开,标志着我们国家进入大规模社会主义建设时期。不久后,他在工业现代化、农业现代化、科学文化现代化后首次加上国防现代化,第一次比较完整地表述了"四个现代化"思想。后来,"四个现代化"蓝图成为"文革"艰难岁月鼓舞人民的最强音。

在探索路上,尽管有过这样那样的不足或错误,毛泽东在社会主义现代化建设的目标方面、在捍卫国家主权和维护民族利益方面、在独立自主探索自己的发展道路方面始终坚定不移,并且取得了巨大成就。

毛泽东等革命先辈们的"中国梦",虽然未能在那个时代完全实现,但为后来者找到正确方向进而接力奋斗,积累了宝贵经验。

伟人的风范——中国各族人民的伟大领袖

毛泽东等老一辈革命家,都是从近代以来中国历史发展的时势中产生的伟大人物,都是走在中华民族和世界进步潮流前列的伟大人物。毛泽东无疑是最突出的先行者、最杰出的创新者、最集中的代表者。

毛泽东"是伟大的马克思主义者,伟大的无产阶级革命家、战略家、理论家,是近代以来中国伟大的爱国者和民族英雄,是领导中国人民彻底改变自己命运和国家面貌的一代伟人"①。

在艰苦漫长的革命岁月中,他表现出一个革命领袖着眼未来、高瞻远瞩的政治远见,坚定不移、忠于理想的革命信念,不怕鬼、不信邪的斗争精神,杰出高超、驾驭全局的领导才能,以及自力更生、艰苦奋斗的作风,尊重人民、尊重实践的品格,善于学习、勇于创新的能力。

这些,使他的精神具有了巨大的凝聚力,使他的品格具有了强烈的感召力。

这些,使他不仅赢得了全党全国各族人民的爱戴和敬仰,而且赢得了世界上一切向往进步的人们的敬佩。

毛泽东的革命实践和光辉业绩,已经载入中华民族史册。他的名字、思想、风范,将永远鼓舞我们继续前进。

---

① 习近平:《在纪念毛泽东同志诞辰 120 周年座谈会上的讲话》,《人民日报》2013 年 12 月 27 日。

后　记

　　毛泽东是马克思主义中国化的伟大开拓者,是近代以来中国伟大的爱国者和民族英雄,是党的第一代中央领导集体的核心,是领导中国人民彻底改变自己命运和国家面貌的一代伟人。

　　毛泽东一生致力于民族独立和富强的实践和理论探索、卓越思想智慧、伟大精神风范,给我们党和人民留下了一笔无穷无尽的宝贵财富。学习研究毛泽东,对于深入认识我们党的光辉奋斗历程,坚定拥护中国共产党的领导;对于进一步增强民族自信心,提升民族凝聚力;对于掌握科学的思想方法,提高个人理论素养,都具有重要的意义。

　　本书精选有代表性的 28 个维度,从不同侧面全方位展示毛泽东一生求学探知、参加革命、领导中国革命战争和社会主义建设事业的生平事迹,引领读者遨游于毛泽东的浩渺世界,探微历史细节、品鉴哲理智慧,深刻感悟毛泽东的伟大与不凡,深刻体会中国共产党的伟大与正确,向毛泽东同志诞辰 130 周年致敬。

责任编辑：洪　琼

图书在版编目（CIP）数据

一起来读毛泽东/释清仁 主编. —北京：人民出版社，2023.11

ISBN 978－7－01－025981－9

Ⅰ.①一… Ⅱ.①释… Ⅲ.①毛泽东(1893—1976)‑生平事迹

Ⅳ.①A752

中国国家版本馆 CIP 数据核字(2023)第 184643 号

一起来读毛泽东

YIQI LAIDU MAOZEDONG

释清仁　主编

人民出版社 出版发行

(100706　北京市东城区隆福寺街 99 号)

北京中科印刷有限公司印刷　新华书店经销

2023 年 11 月第 1 版　2023 年 11 月北京第 1 次印刷

开本：710 毫米×1000 毫米 1/16　印张：17.25

字数：270 千字

ISBN 978－7－01－025981－9　定价：66.00 元

邮购地址 100706　北京市东城区隆福寺街 99 号

人民东方图书销售中心　电话 (010)65250042　65289539